Projet OCDE/G20 sur l'érosion de la base d'imposition et le transfert de bénéfices

Accroître l'efficacité des mécanismes de règlement des différends – Rapport par les pairs de PA, Monaco (Phase 2)

CADRE INCLUSIF SUR LE BEPS : ACTION 14

Ce document, ainsi que les données et cartes qu'il peut comprendre, sont sans préjudice du statut de tout territoire, de la souveraineté s'exerçant sur ce dernier, du tracé des frontières et limites internationales, et du nom de tout territoire, ville ou région.

Merci de citer cet ouvrage comme suit :
OCDE (2022), *Accroître l'efficacité des mécanismes de règlement des différends – Rapport par les pairs de PA, Monaco (Phase 2) : Cadre inclusif sur le BEPS : Action 14*, Projet OCDE/G20 sur l'érosion de la base d'imposition et le transfert de bénéfices, Éditions OCDE, Paris, https://doi.org/10.1787/88f778b0-fr.

ISBN 978-92-64-73220-9 (imprimé)
ISBN 978-92-64-73581-1 (pdf)

Projet OCDE/G20 sur l'érosion de la base d'imposition et le transfert de bénéfices
ISSN 2313-2620 (imprimé)
ISSN 2313-2639 (en ligne)

Crédits photo : Couverture © ninog-Fotolia.com.

Les corrigenda des publications sont disponibles sur : www.oecd.org/fr/apropos/editionsocde/corrigendadepublicationsdelocde.htm.

Avant-propos

L'intégration des économies et des marchés nationaux a connu une accélération marquée ces dernières années, mettant à l'épreuve le cadre fiscal international conçu voilà plus d'un siècle. Les règles en place ont laissé apparaître des fragilités qui sont autant d'opportunités pour des pratiques d'érosion de la base d'imposition et de transfert de bénéfices (BEPS), appelant une action résolue de la part des dirigeants pour restaurer la confiance dans le système et faire en sorte que les bénéfices soient imposés là où les activités économiques sont réalisées et là où la valeur est créée.

À la suite de la parution du rapport intitulé *Lutter contre l'érosion de la base d'imposition et le transfert de bénéfices* en février 2013, les pays de l'OCDE et du G20 ont adopté en septembre 2013 un Plan d'action en 15 points visant à combattre ces pratiques. Les 15 actions à mener s'articulent autour de trois principaux piliers : harmoniser les règles nationales qui influent sur les activités transnationales, renforcer les exigences de substance dans les standards internationaux existants, et améliorer la transparence ainsi que la sécurité juridique.

Après deux ans de travail, des mesures en réponse aux 15 actions ont été présentées aux dirigeants des pays du G20 à Antalya en novembre 2015. Tous ces rapports, y compris ceux publiés à titre provisoire en 2014, ont été réunis au sein d'un ensemble complet de mesures, qui représente le premier remaniement d'importance des règles fiscales internationales depuis près d'un siècle. La mise en œuvre des nouvelles mesures devrait conduire les entreprises à déclarer leurs bénéfices là où les activités économiques qui les génèrent sont réalisées et là où la valeur est créée. Les stratégies de planification fiscale qui s'appuient sur des règles périmées ou sur des dispositifs nationaux mal coordonnés seront caduques.

La mise en œuvre est désormais au centre des travaux. L'application des mesures prévues passe par des modifications de la législation et des pratiques nationales ainsi que des conventions fiscales. La négociation d'un instrument multilatéral visant à faciliter la mise en œuvre des mesures liées aux conventions a abouti en 2016, et plus de 85 pays sont couverts par cet instrument multilatéral. Son entrée en vigueur le 1er juillet 2018 ouvrira la voie à une mise en œuvre rapide des mesures liées aux conventions. Les pays de l'OCDE et du G20 ont également décidé de poursuivre leur coopération en vue de garantir une application cohérente et coordonnée des recommandations issues du projet BEPS et de rendre le projet plus inclusif. La mondialisation exige de trouver des solutions de portée mondiale et de nouer un dialogue mondial qui va au-delà des pays de l'OCDE et du G20.

Une meilleure compréhension de la manière dont les recommandations issues du projet BEPS sont mises en pratique pourrait limiter les malentendus et les différends entre États. Une attention accrue portée à la mise en œuvre des actions et à l'administration de l'impôt pourrait être bénéfique tant pour les États que pour les entreprises. Enfin, des solutions sont proposées pour améliorer les données et les analyses, ce qui permettra d'évaluer et de quantifier régulièrement l'impact des mécanismes d'érosion de la base d'imposition et transfert de bénéfices et les effets des mesures issues du projet BEPS appliquées pour lutter contre ces pratiques.

De ce fait, l'OCDE a établi le Cadre inclusif sur le BEPS de l'OCDE et du G20 (Cadre inclusif), rassemblant sur un pied d'égalité tous les pays et juridictions intéressés et engagés dans le Comité des affaires fiscales et ses organes subsidiaires. Le Cadre inclusif, qui compte déjà plus de 137 membres, contrôle la mise en œuvre des standards minimums à travers des examens par les pairs, et finalise actuellement l'élaboration de normes pour résoudre les problèmes liés au BEPS. En plus des membres du projet BEPS, d'autres organisations internationales et organismes fiscaux régionaux sont engagés dans les travaux du Cadre inclusif, et les entreprises et la société civile sont également consultées sur différentes problématiques.

Ce rapport a été approuvé par le Cadre inclusif le 19 novembre 2021 et préparé pour publication par le Secrétariat de l'OCDE.

Table des matières

Abréviations et acronymes

APP	Accords préalables en matière de prix de transfert
BEPS	Érosion de la base d'imposition et transfert de bénéfices
FAI	Forum sur l'administration de l'impôt
PA	Procédure amiable
OCDE	Organisation de coopération et de développement économiques

Résumé

Monaco dispose d'un réseau conventionnel modeste, composé de plus d'une dizaine de conventions fiscales. Monaco n'a pas d'expérience pratique dans la résolution de cas soumis à la procédure amiable dans la mesure où il n'a encore jamais eu à traiter de demandes de PA. La conclusion du processus d'examen par les pairs de phase 1 était que dans l'ensemble, Monaco respectait presque tous les éléments du standard minimum de l'Action 14. Monaco s'est efforcé de pallier la plupart des insuffisances existantes, ce qui a été évalué lors de la phase 2 du processus. À cet égard, il a résolu toutes les lacunes identifiées.

Toutes les conventions fiscales de Monaco sauf une contiennent une disposition relative à la procédure amiable. Ces conventions suivent généralement les paragraphes 1 à 3 de l'article 25 du Modèle de Convention fiscale de l'OCDE (OCDE, 2019). Son réseau conventionnel est majoritairement en ligne avec le standard minimum de l'Action 14, essentiellement à l'exception du fait que près de 20 % des conventions n'incluent ni une disposition prévoyant que tout accord amiable est appliqué quels que soient les délais prévus par le droit interne des États (en vertu de l'article 25, paragraphe 2, deuxième phrase), ni les deux dispositions alternatives limitant la période au cours de laquelle un État peut procéder à un ajustement en vertu de l'article 7(2) ou de l'article 9(1) du Modèle de Convention fiscale de l'OCDE (OCDE, 2019).

Pour être en ligne avec les quatre domaines clés du standard minimum de l'Action 14 et accroître l'efficacité des mécanismes de règlement des différends, Monaco a signé et ratifié l'Instrument Multilatéral. Par le biais de cet instrument, un certain nombre de ses conventions fiscales ont été ou seront modifiées pour satisfaire aux exigences du standard minimum de l'Action 14. Dès lors que les conventions ne seront pas modifiées, lors de l'entrée en vigueur de l'Instrument Multilatéral, Monaco a indiqué son intention d'actualiser l'ensemble de ses conventions fiscales pour se conformer aux exigences du standard minimum de l'Action 14 par le biais de négociations bilatérales. De telles négociations bilatérales ont déjà été engagées ou sont envisagées pour l'ensemble de ces conventions fiscales.

Monaco n'ayant pas mis en place de programme d'APP bilatéraux, il n'existe aucun élément supplémentaire à évaluer en matière de prévention des différends.

La pratique de Monaco est en outre conforme à tous les éléments prévus par le standard minimum de l'Action 14 en matière de disponibilité et de recours à la procédure amiable. Il donne accès, par principe, à la procédure amiable dans tous les cas éligibles, bien qu'il n'ait reçu depuis le 1er avril 2019 aucune demande d'ouverture de procédure amiable. De plus, Monaco a mis en place un processus de consultation bilatérale documenté pour les situations dans lesquelles son autorité compétente considère que l'objection soulevée par les contribuables dans le recours à la procédure amiable n'est pas justifiée. Monaco a publié des instructions claires et complètes sur la disponibilité à la procédure amiable et sur la manière dont il applique cette procédure dans la pratique dans le cadre de ses conventions fiscales.

Monaco n'a eu à traiter aucune demande de PA depuis le 1er janvier 2016, mais respecte en principe le standard minimum de l'Action 14 en termes de résolution de ces cas. L'autorité compétente de Monaco fonctionne de manière indépendante des services de contrôle de l'administration fiscale et envisage une approche coopérative pour résoudre les cas soumis à la procédure amiable de manière efficace et effective. Son organisation est adaptée et les indicateurs de performance utilisés sont appropriés pour la gestion des cas soumis à la procédure amiable.

Enfin, Monaco respecte aussi le standard minimum de l'Action 14 en termes de mise en œuvre des accords amiables. Il suit la mise en œuvre de tels accords.

Référence

OCDE (2019), *Modèle de Convention fiscale concernant le revenu et la fortune 2017 (Version complète)*, Éditions OCDE, Paris, https://doi.org/10.1787/0faf9b6c-fr.

Introduction

Mécanismes disponibles à Monaco pour résoudre les différends relatifs aux conventions fiscales

Monaco a conclu onze conventions fiscales concernant le revenu (et/ou la fortune), dont dix sont en vigueur[1]. Ces conventions sont appliquées à un même nombre de juridictions Toutes ces conventions sauf une prévoient la possibilité pour un contribuable de solliciter l'ouverture d'une **procédure amiable** pour résoudre les différends relatifs à l'interprétation et à l'application des dispositions de la convention fiscale. En outre, deux des onze conventions prévoient une procédure d'arbitrage qui complète la procédure amiable[2].

Les conventions fiscales monégasques prévoient que la fonction en charge de la procédure amiable est confiée au ministre des Finances et de l'Économie Cette fonction est déléguée Département des Finances et de l'Économie au sein du ministère. L'autorité compétente de Monaco emploie actuellement cinq personnes, qui consacrent une partie de leur temps au traitement des cas d'attribution/affectation et autres soumis à la procédure amiable, parallèlement à d'autres tâches sans lien avec la procédure amiable.

Monaco a publié en avril 2019 une notice sur la gouvernance et l'administration de la procédure amiable (« **notice sur la procédure amiable** »), qui est disponible en français à l'adresse suivante :

https://www.gouv.mc/content/view/full/9135

Évolutions intervenues à Monaco depuis le 1er avril 2019

Évolutions relatives au réseau de conventions fiscales

Comme indiqué dans le rapport de phase 1, Monaco a signé une nouvelle convention avec Malte (2018). Cette convention, qui n'était alors pas encore entrée en vigueur, l'est aujourd'hui.

Monaco a en outre indiqué avoir récemment conclu une nouvelle convention fiscale avec le Monténégro (2019), un partenaire conventionnel avec lequel aucune convention n'était jusque-là en vigueur. Cette convention inclut l'article 9(2) et l'article 25(1-3) du Modèle de Convention fiscale de l'OCDE (OCDE, 2016a), dans sa version antérieure à l'adoption du rapport final sur l'Action 14 (OCDE, 2016b), Cette nouvelle convention n'est pas encore entrée en vigueur.

Par ailleurs, Monaco a signé le 7 juin 2017 la Convention multilatérale pour la mise en œuvre des mesures relatives aux conventions fiscales pour prévenir le BEPS (« **l'Instrument multilatéral** ») dans le but de procéder aux modifications nécessaires, le cas échéant, de l'article relatif à la procédure amiable dans ses conventions fiscales afin que toutes ses conventions fiscales concernées soient conformes au standard minimum de l'Action 14. Monaco a déposé son instrument de ratification de cette Convention le 10 janvier 2019 qui est en vigueur depuis le 1er Mai 2019. Lors du dépôt de l'instrument de ratification de l'Instrument multilatéral, Monaco a soumis sa liste de notifications et de réserves au regard de la Convention[3]. S'agissant du standard minimum de l'Action 14, Monaco s'est réservé le droit, conformément à l'article 16(5)(a), de ne pas appliquer l'article 16(1) de l'Instrument multilatéral (concernant la procédure amiable) qui modifie les conventions existantes afin d'autoriser la soumission d'une demande de PA aux autorités compétentes de l'un ou l'autre des États contractants[4]. Monaco s'est également réservé le droit, conformément à l'article 16(5)(c), de ne pas appliquer la deuxième phrase de l'article 16(2) de l'Instrument multilatéral (concernant la procédure amiable), qui modifie les conventions existantes de sorte à ce que les accords amiables soient mis en œuvre quels que soient les délais prévus par le droit interne des États contractants[5]. Ces réserves sont conformes aux exigences du standard minimum de l'Action 14. Monaco a néanmoins indiqué qu'il envisageait actuellement de supprimer ces réserves afin de mettre ses conventions en conformité avec le standard minimum de l'action 14.

S'agissant des trois conventions fiscales considérées comme non conformes à un ou plusieurs éléments du standard minimum de l'Action 14 et qui ne seront pas modifiées par l'Instrument multilatéral, Monaco a indiqué son intention de les mettre à jour en engageant des négociations bilatérales. À cet égard, Monaco a fait savoir qu'il avait déjà engagé des négociations avec deux partenaires conventionnels et qu'il s'attacherait, une fois celles-ci conclues, à faire de même pour le troisième, sachant qu'il n'a pas encore réussi à localiser les contacts joignables pour ce partenaire conventionnel.

Autres développements

Aucun autre développement n'est à signaler concernant le cadre législatif et administratif régissant la procédure amiable à Monaco.

Éléments pris en compte dans le cadre du processus d'examen par les pairs

Le processus d'examen par les pairs donne lieu à une évaluation de la mise en œuvre du standard minimum de l'Action 14 par Monaco, à travers une analyse de son cadre juridique et administratif relatif à la procédure amiable, tel qu'il résulte de ses conventions fiscales, de sa législation et de sa doctrine administrative applicable à la procédure amiable, ainsi que de ses éventuelles orientations sur la PA, et à travers l'application de ce cadre en pratique. Le processus d'examen effectué se fonde sur les informations fournies en réponse à des questionnaires spécifiques, complétés par Monaco, ses pairs et certains contribuables. Les questionnaires du processus d'évaluation par les pairs ont été envoyés à Monaco et aux pairs le 27 mars 2019.

Ce processus comporte deux phases : un processus d'examen par les pairs (phase 1) et un processus de suivi par les pairs (phase 2). Dans le cadre de la phase 1, la mise en œuvre du standard minimum de l'Action 14 par Monaco a été évaluée et a donné lieu à l'établissement d'un rapport d'examen par les pairs, adopté par le Cadre inclusif sur le BEPS le mercredi 11 décembre 2019. Ce rapport met en évidence les points forts et les insuffisances de Monaco au regard de la mise en œuvre de ce standard minimum et formule des recommandations sur la manière de remédier à ces insuffisances. Le rapport de phase 1 est disponible en ligne sur le site internet de l'OCDE[6]. La transmission par Monaco d'un rapport d'étape dans l'année qui suit l'adoption du rapport d'examen par les pairs par le Cadre inclusif sur le BEPS donne le coup d'envoi à la phase 2. Dans ce rapport d'étape, Monaco présente : (i) les mesures qu'il a déjà mises en œuvre ou qu'il compte prendre pour remédier aux insuffisances identifiées dans le rapport d'examen par les pairs ; et (ii) les modifications effectives ou envisagées de son cadre législatif et/ou administratif au regard de la mise en œuvre du standard minimum de l'Action 14. Le rapport de phase 1 est mis à jour à partir du rapport d'étape et vient clore le processus d'examen par les pairs de phase 1.

Grandes lignes de l'analyse des conventions fiscales

Aux fins du présent rapport et des chiffres communiqués ci-après, pour évaluer si Monaco respecte les éléments du standard minimum de l'Action 14 qui concernent une disposition spécifique de la convention, il a été tenu compte des conventions négociées récemment ou des conventions modifiées par un protocole, comme indiqué ci-dessus, même si elles remplaçaient une convention existante actuellement en vigueur. L'Annexe A présente une analyse des conventions fiscales de Monaco et en particulier des dispositions relatives à la procédure amiable.

Calendrier du processus d'examen et contributions des pairs et des contribuables

La phase 1 du processus d'examen par les pairs a été lancée à Monaco le mercredi 27 mars 2019, avec l'envoi des questionnaires à Monaco et à ses pairs. Le rapport d'examen par les pairs de phase 1 de Monaco a été approuvé par le Forum PA-FAF en septembre 2019, puis par le Cadre inclusif sur le BEPS le 11 décembre 2019. Monaco a soumis son rapport d'étape le 11 décembre 2020, marquant le lancement de la phase 2 du processus.

L'évaluation de la mise en œuvre par Monaco du standard minimum de l'Action 14 porte sur la période comprise entre le 1er janvier 2016 et le 31 mars 2019, qui constitue la période de référence prise en compte dans le rapport d'examen par les pairs de phase 1. La période couverte par la phase 2 a débuté le 1er avril 2019 et reflète toutes les évolutions survenues à compter de cette date et jusqu'au jeudi 31 décembre 2020.

Aucun pair n'a formulé de commentaires sur la mise en œuvre du standard minimum de l'Action 14 par Monaco. Cela peut s'expliquer par le fait que l'autorité compétente de Monaco n'a jamais reçu de demande de PA émanant d'un contribuable ou d'une autre autorité compétente.

Contribution de Monaco et coopération tout au long du processus

Monaco a communiqué ses réponses aux questionnaire dans les délais prescrits. Monaco s'est montré très réactif au cours de la rédaction du rapport d'examen par les pairs en répondant de façon prompte et complète aux demandes de renseignements complémentaires, et en apportant les éclaircissements requis. En outre, Monaco a communiqué les informations suivantes :

- profil sur la procédure amiable[7]
- statistiques relatives à la procédure amiable[8] conformément au Cadre de suivi statistique relatif à la procédure amiable (voir ci-après).

S'agissant de la phase 2, Monaco a soumis son rapport d'étape dans les délais, et les informations communiquées étaient détaillées. Monaco s'est montré très coopératif lors de la phase 2 et la finalisation du processus d'examen par les pairs.

Enfin, Monaco est un membre actif du Forum PA-FAF et il s'est montré coopératif pendant le processus d'examen par les pairs.

Vue d'ensemble du volume de cas soumis à la procédure amiable à Monaco

Monaco n'a eu à traiter aucune demande de PA pendant la période examinée au titre de la phase 1 ou de la phase 2

Présentation du rapport d'examen par les pairs

Ce rapport contient une évaluation de la mise en œuvre par Monaco du standard minimum de l'Action 14. Ce rapport comprend les quatre sections suivantes :

A. Prévention des différends

B. Disponibilité et recours à la procédure amiable

C. Résolution des cas soumis à la procédure amiable

D. Mise en œuvre des accords amiables.

Chacune de ces sections reprend les éléments du standard minimum de l'Action 14, tels que décrits dans les Termes de référence pour le suivi et l'examen de la mise en œuvre du standard minimum établi par l'Action 14 du projet BEPS visant à accroître l'efficacité des mécanismes de règlement des différends (les « **Termes de référence** »)[9]. Outre l'analyse du cadre juridique de Monaco et de sa pratique administrative, le rapport contient également les commentaires des pairs et les réponses apportées par Monaco suite à leurs commentaires, au cours de la phase 1 comme de la phase 2. Par ailleurs, le rapport décrit les changements adoptés et les projets partagés par Monaco pour mettre en œuvre le cas échéant les éléments du Standard minimum de l'Action 14. L'analyse de chaque élément s'achève par une conclusion qui identifie les points à améliorer (le cas échéant) et par la formulation de recommandations pour y parvenir.

Les conclusions du processus d'examen par les pairs de phase 1, qui présentent les points à améliorer (le cas échéant) pour chaque élément, et les recommandations formulées pour y parvenir, constituent le point de départ du présent rapport. Au terme du processus d'examen par les pairs de phase 2, chacun des éléments a été mis à jour dans la section correspondante sur les évolutions récentes, qui reflète les mesures prises ou les changements intervenus pour donner suite aux recommandations formulées, ainsi que toute autre modification éventuelle du cadre juridique et administratif de Monaco en lien avec la mise en œuvre du standard minimum de l'Action 14. Les modifications qui concernent les instructions ou les statistiques relatives à la procédure amiable sont présentées dans les sections consacrées à l'analyse de chaque élément, et une description générale figure dans la section sur les évolutions récentes.

L'objectif du standard minimum de l'Action 14 est d'accroître l'efficacité des mécanismes de règlement des différends et suppose un effort continu. Le présent rapport tient compte des recommandations qui ont été pleinement mises en œuvre et la section consacrée aux conclusions relatives à l'élément en question a été modifiée en conséquence; Monaco doit néanmoins continuer d'agir en conformité avec chaque élément donné du standard minimum de l'Action 14, même lorsqu'aucun axe d'amélioration n'a été identifié pour cet élément et qu'aucune recommandation n'a été formulée à cet égard.

Notes

1. Les conventions fiscales conclues par Monaco sont disponibles en ligne à l'adresse : https://www.gouv.mc/content/view/full/9135. La convention qui a été signée mais qui n'est pas encore entrée en vigueur est celle conclue avec le Monténégro (2019). L'Annexe A donne un aperçu des conventions fiscales de Monaco.

2. Il s'agit des conventions conclues avec le Liechtenstein et Maurice. L'Annexe A donne un aperçu des conventions fiscales de Monaco.

3. Disponible à l'adresse : www.oecd.org/tax/treaties/beps-mli-position-Monaco-instrument-deposit.pdf.

4. *Ibid.* Cette réserve concernant l'Article 16 – Procédure amiable – est la suivante : « Conformément à l'article 16(5)(a) de la Convention, la Principauté de Monaco se réserve le droit de ne pas appliquer la première phrase du paragraphe 1 à ses Conventions fiscales couvertes, au motif qu'il a l'intention de satisfaire la norme minimale relative à l'amélioration du règlement des différends définie dans le cadre du Projet BEPS de l'OCDE et du G20 en garantissant qu'aux fins de chacune de ses Conventions fiscales couvertes (autre qu'une Convention fiscale couverte qui permet à une personne de soumettre son cas à l'autorité compétente de l'une ou l'autre des Juridictions contractantes), lorsqu'une personne estime que les mesures prises par une Juridiction contractante ou par les deux Juridictions contractantes entraînent ou entraîneront pour elle une imposition non conforme aux dispositions de la Convention fiscale couverte, cette personne peut, indépendamment des recours prévus par le droit interne de ces Juridictions contractantes, soumettre son cas à l'autorité compétente de la Juridiction contractante dont la personne est un résident ou, si le cas relève de la disposition d'une Convention fiscale couverte relative à la non-discrimination fondée sur la nationalité, à la Juridiction contractante dont elle possède la nationalité; et l'autorité compétente de cette Juridiction contractante engage un processus bilatéral de notification ou de consultation avec l'autorité compétente de l'autre Juridiction contractante pour les cas où l'autorité compétente saisie d'un cas de procédure amiable considère que la réclamation du contribuable n'est pas fondée ».

5. Voir la note 3. Cette réserve concernant l'Article 16 – Procédure amiable – est la suivante : « Conformément à l'article 16(5)(c) de la Convention, Monaco se réserve le droit de ne pas appliquer la deuxième phrase du paragraphe 2 à ses Conventions fiscales couvertes, au motif qu'aux fins de toutes ses Conventions fiscales couvertes : i) il a l'intention de satisfaire à la norme minimale relative à l'amélioration du règlement des différends définie dans le cadre du Projet BEPS de l'OCDE et du G20 en acceptant, lors des négociations de ses conventions bilatérales, une disposition prévoyant que :

   A) les Juridictions contractantes ne procèdent à aucun ajustement des bénéfices qui sont attribuables à un établissement stable d'une entreprise de l'une des Juridictions contractantes au-delà d'un délai convenu par les deux Juridictions contractantes, qui commence à compter de la fin de la période imposable au cours de laquelle les bénéfices auraient dû être attribués à l'établissement stable (la présente disposition ne s'applique pas en cas de fraude, négligence grave ou manquement délibéré) ; et

   B) les Juridictions contractantes s'abstiennent d'inclure dans les bénéfices d'une entreprise, et d'imposer en conséquence, des bénéfices qui aurait dû être réalisés par cette entreprise, mais qui ne l'ont pas été en raison des conditions mentionnées dans une disposition de la Convention fiscale couverte relative aux entreprises associées, au-delà d'un délai convenu par les deux Juridictions contractantes, qui commence à compter de la fin de la période imposable au cours duquel ces bénéfices auraient dû être réalisés par l'entreprise (la présente disposition ne s'applique pas en cas de fraude, négligence grave ou manquement délibéré) ».

6. Disponible à l'adresse : https://www.oecd.org/fr/fiscalite/accroitre-l-efficacite-des-mecanismes-de-reglement-des-differends-rapport-par-les-pairs-de-pa-monaco-phase-1-c96c3919-fr.htm.

7. Disponible à l'adresse : https://www.oecd.org/fr/fiscalite/resolution/pa-fiches-par-pays.htm.

8. Les statistiques relatives à la procédure amiable de Monaco figurent aux annexes B et C du présent rapport.

9. Termes de référence pour le suivi et l'examen de la mise en œuvre du standard minimum prévu par l'Action 14 du projet BEPS visant à accroître l'efficacité des mécanismes de règlement des différends. Disponible à l'adresse : https://www.oecd.org/fr/fiscalite/beps/beps-action-14-accroitre-l-efficacite-des-mecanismes-de-reglement-des-differends-documents-pour-l-examen-par-les-pairs.pdf

Références

OCDE (2016a), *Modèle de Convention fiscale concernant le revenu et la fortune 2014 (Version complète)*, Éditions OCDE, Paris, https://doi.org/10.1787/9789264239142-fr.

OCDE (2016b), « Accroître l'efficacité des mécanismes de règlement des différends, Action 14 – Rapport final 2015 », *Projet OCDE/G20 sur l'érosion de la base d'imposition et le transfert de bénéfices*, Éditions OCDE, Paris, https://doi.org/10.1787/9789264252370-fr.

Partie A

Prévention des différends

[A.1] Inclure la première phrase de l'article 25(3) du Modèle de Convention fiscale de l'OCDE dans les conventions fiscales

Les pays devraient s'assurer que leurs conventions fiscales contiennent une disposition qui exige de leur autorité compétente de s'efforcer de résoudre, par voie d'accord amiable, toute difficulté ou de lever toute incertitude liée à l'interprétation ou à l'application de leurs conventions fiscales.

1. L'interprétation ou l'application des conventions fiscales ne concerne pas nécessairement des cas particuliers mais peut revêtir un caractère plus général. L'inclusion de la première phrase de l'article 25(3) du Modèle de Convention fiscale de l'OCDE dans les conventions fiscales invite et autorise les autorités compétentes à résoudre ces cas, ce qui évite de devoir ouvrir des procédures amiables spécifiques et/ou la survenue de différends à l'avenir, tout en garantissant une application plus uniforme des conventions fiscales par l'ensemble des parties concernées.

Situation actuelle des conventions fiscales de Monaco

2. Sur les onze conventions fiscales de Monaco, dix contiennent une disposition équivalente à la première phrase de l'article 25(3) du Modèle de convention fiscale de l'OCDE (OCDE, 2019), qui demande à leur autorité compétente de s'efforcer de résoudre par accord amiable les difficultés ou de dissiper les doutes auxquels peuvent donner lieu l'interprétation ou l'application de la Convention. Dans la convention restante, la phrase fait uniquement référence aux « difficultés » découlant de « l'application » de la convention, sans mentionner les « doutes » auxquels peut donner lieu « l'interprétation » ou « l'application » de la convention. Pour cette raison, cette convention est considérée comme ne contenant pas de disposition équivalente à la première phrase de l'article 25(3) du Modèle de convention fiscale de l'OCDE (OCDE, 2019).

3. Monaco a indiqué que rien dans sa législation interne et/ou ses pratiques administratives ne limitait la possibilité de conclure des accords amiables de portée générale, que la convention applicable contienne ou non une disposition équivalente à la première phrase de l'article 25(3) du Modèle de Convention fiscale de l'OCDE (OCDE, 2019).

4. Aucun pair n'a formulé de commentaires pendant la phase 1.

Évolutions récentes

Modifications bilatérales

5. Monaco a récemment conclu une nouvelle convention fiscale avec un partenaire avec lequel aucune convention n'était en vigueur auparavant. Cette convention n'est pas encore entrée en vigueur. Cette convention contient une disposition équivalente à la première phrase de l'article 25(3) du Modèle de Convention fiscale de l'OCDE (OCDE, 2019). L'analyse présentée ci-dessus tient compte des effets de cette convention négociée récemment, lorsqu'ils sont pertinents.

Instrument multilatéral

6. Monaco a signé l'Instrument multilatéral et a déposé son instrument de ratification le 10 janvier 2019. L'instrument multilatéral est entré en vigueur pour Monaco le 1er mai 2019.

7. L'article 16(4)(c)(i) de cet instrument dispose que la première phrase de l'article 16(3) – qui contient une disposition équivalente à la première phrase de l'article 25(3) du Modèle de convention fiscale de l'OCDE (OCDE, 2019) – s'appliquera en l'absence dans les conventions fiscales de disposition équivalente à la première phrase de l'article 25(3) du Modèle. En d'autres termes, en l'absence de cette disposition équivalente, l'article 16(4)(c)(i) de l'Instrument multilatéral modifiera la convention fiscale applicable afin d'inclure cette disposition équivalente. Toutefois, cette clause s'applique uniquement si les deux parties contractantes à la convention fiscale applicable ont inclus cette convention dans la liste des conventions fiscales couvertes par l'Instrument multilatéral et si elles ont notifié le dépositaire, conformément à l'article 16(6)(d)(i), que cette convention ne contient pas de disposition équivalente à la première phrase de l'article 25(3) du Modèle de Convention fiscale de l'OCDE (OCDE, 2019).

8. S'agissant de l'unique convention fiscale identifiée ci-dessus qui ne contient pas de disposition équivalente à la première phrase de l'article (25)3 du Modèle de Convention fiscale de l'OCDE (OCDE, 2019), Monaco l'a inclus dans sa liste des conventions fiscales couvertes par l'Instrument multilatéral, mais le partenaire conventionnel concerné n'est pas signataire de l'Instrument multilatéral. Aussi, au stade actuel, la convention fiscale identifiée ci-dessus ne sera pas modifiée par l'Instrument multilatéral de manière à inclure l'équivalent de la première phrase de l'article 25(3) du Modèle de Convention fiscale de l'OCDE (OCDE, 2019).

Autres développements

9. Monaco a fait savoir qu'il avait l'intention d'engager des négociations bilatérales pour mettre à jour la convention fiscale qui ne contient pas de disposition équivalente à la première phrase de l'article 25(3) du Modèle de Convention fiscale de l'OCDE (OCDE, 2019) et ne sera pas modifiée par l'Instrument multilatéral, une fois que l'ensemble des négociations en cours auront été achevées.

Avis des pairs

10. Aucun pair n'a formulé de commentaires sur la mise en œuvre du standard minimum de l'Action 14 par Monaco.

Modifications prévues

11. Monaco a indiqué qu'il s'efforcera d'inclure la première phrase de l'article 25(3) du Modèle de Convention fiscale de l'OCDE (OCDE, 2019), dans toutes ses conventions fiscales à venir.

Conclusion

	Points à améliorer	Recommandations
[A.1]	Une des onze conventions fiscales ne contient pas de disposition équivalente à la première phrase de l'article 25(3) du Modèle de Convention fiscale de l'OCDE (OCDE, 2019). Cette convention ne sera pas modifiée par l'Instrument multilatéral. Des négociations sont envisagées au sujet de cette convention.	Dans la mesure où une convention qui ne contient pas de disposition équivalente à la première phrase de l'article 25(3) du Modèle de convention fiscale de l'OCDE (OCDE, 2019) ne sera pas modifiée par l'Instrument multilatéral, Monaco devrait continuer (d'engager) les négociations avec son partenaire conventionnel afin d'inclure la disposition requise.

[A.2] Étendre les APP bilatéraux aux exercices fiscaux antérieurs dans les cas appropriés

Les pays ayant conclu des programmes bilatéraux d'accords préalables en matière de prix de transfert (« APP ») devraient s'engager à accorder une extension de ces accords préalables aux exercices antérieurs dans les cas concernés, sous réserve du respect des délais applicables (comme des règles de prescription en matière de rectification) dès lors que les faits et circonstances des exercices fiscaux antérieurs sont identiques et ont fait l'objet d'une vérification lors du contrôle.

12. Un APP est un accord qui fixe, préalablement à des transactions entre entreprises associées, un ensemble approprié de critères (par exemple la méthode de calcul, les éléments de comparaison, les ajustements à y apporter et les hypothèses de base concernant l'évolution future) en vue de déterminer le prix de transfert applicable à ces transactions pendant une période donnée[1] La méthodologie définie de manière prospective lors d'un APP bilatéral ou multilatéral peut être pertinente pour déterminer le traitement de transactions comparables entre entreprises associées intervenues lors des exercices précédents. L'extension d'un APP à ces exercices antérieurs peut s'avérer utile pour éviter, ou pour régler, de possibles différends en matière de prix de transfert.

Programme d'APP de Monaco

13. Monaco a indiqué qu'il n'était pas possible, en vertu de sa législation interne, de conclure des APP et qu'il n'avait donc pas mis en place de programme d'APP.

Extension des APP bilatéraux aux exercices antérieurs

14. Monaco n'ayant pas mis en place de programme d'APP, l'extension des APP bilatéraux aux exercices antérieurs n'est pas possible.

Évolutions récentes

15. Aucun autre fait nouveau n'est à mentionner en ce qui concerne l'élément A.2.

Application pratique de l'extension des APP bilatéraux aux exercices antérieurs

Période comprise entre le 1er janvier 2016 et le 31 mars 2019 (phase 1)

16. Monaco a indiqué qu'il n'avait reçu aucune demande d'APP bilatéraux pendant la période comprise entre le 1er janvier 2016 et le 31 mars 2019, ce qui est logique en l'absence de tel programme.

17. Aucun pair n'a formulé de commentaires sur la mise en œuvre du standard minimum de l'Action 14 par Monaco.

Période comprise entre le 1er avril 2019 et le 31 décembre 2020 (phase 2)

18. Monaco a indiqué qu'il n'avait reçu aucune demande d'APP bilatéraux depuis le 1er avril 2019, ce qui est logique en l'absence de tel programme.

19. Aucun pair n'a formulé de commentaires sur la mise en œuvre du standard minimum de l'Action 14 par Monaco.

Modifications prévues

20. Monaco a indiqué ne pas prévoir de modifications relatives à l'élément A.2.

Conclusion

	Points à améliorer	Recommandations
[A.2]	-	-

Note

1. Cette description d'un APP reprend la définition d'un APP des Principes de l'OCDE applicables en matière de prix de transfert à l'intention des entreprises multinationales et des administrations fiscales (OCDE, 2017).

Références

OCDE (2017), *Principes de l'OCDE applicables en matière de prix de transfert à l'intention des entreprises multinationales et des administrations fiscales 2017*, Éditions OCDE, Paris, https://doi.org/10.1787/tpg-2017-fr.

OCDE (2019), *Modèle de Convention fiscale concernant le revenu et la fortune 2017 (Version complète)*, Éditions OCDE, Paris, https://doi.org/10.1787/0faf9b6c-fr.

Partie B

Disponibilité et recours à la procédure amiable

[B.1] Inclure l'article 25(1) du Modèle de Convention fiscale de l'OCDE dans les conventions fiscales

> Les pays devraient s'assurer que leurs conventions fiscales contiennent une disposition relative à la procédure amiable qui prévoit que lorsque le contribuable estime que les mesures prises par une Partie contractante ou par les deux Parties contractantes entraînent ou entraîneront pour lui une imposition non conforme aux dispositions de la convention fiscale, il peut, indépendamment des recours prévus par le droit interne de ces Parties contractantes, soumettre une demande d'assistance amiable. Cette demande doit être soumise dans les trois ans qui suivent la première notification de la mesure qui entraîne une imposition non conforme aux dispositions de la convention fiscale.

21. Pour résoudre les cas d'imposition non conforme aux dispositions de la convention fiscale, il est nécessaire que les conventions fiscales contiennent une disposition autorisant les contribuables à faire une demande d'ouverture de procédure amiable et que cette procédure puisse être demandée indépendamment des recours prévus par le droit interne des parties contractantes. En outre, pour que les contribuables et les autorités compétentes aient davantage de certitude sur la possibilité de pouvoir recourir à de telles procédures, une période minimale de trois ans est prise comme référence pour la soumission des demandes de procédure amiable, à compter de la première notification de la mesure qui entraîne une imposition non conforme aux dispositions de la convention fiscale.

Situation actuelle des conventions fiscales de Monaco

Inclusion de la première phrase de l'article 25(1) du Modèle de Convention fiscale de l'OCDE

22. Une des onze conventions fiscales que compte Monaco contient une disposition équivalente à la première phrase de l'article 25(1) du Modèle de Convention fiscale de l'OCDE (OCDE, 2019), dans sa version modifiée par le rapport final sur l'Action 14 (OCDE, 2016b) permettant aux contribuables d'adresser une demande de procédure amiable à l'autorité compétente de l'un ou l'autre État lorsqu'ils considèrent que les mesures prises par l'un ou l'autre, ou l'un et l'autre, des partenaires conventionnels entraînent ou entraîneront pour ces contribuables une imposition non conforme aux dispositions de la convention fiscale, cette procédure pouvant être demandée indépendamment des recours prévus par le droit interne de l'un ou l'autre des États. De plus, neuf de ces onze conventions contiennent une disposition équivalente à la première phrase de l'article 25(1) du Modèle de Convention fiscale de l'OCDE (OCDE, 2019), dans sa version antérieure à

l'adoption du rapport final sur l'Action 14 (OCDE, 2016b), qui autorise les contribuables à soumettre une demande de procédure amiable uniquement à l'autorité compétente de l'État contractant dont ils sont résidents. La dernière convention ne contient pas de disposition fondée sur, ou équivalente à, l'article 25 du Modèle de Convention fiscale de l'OCDE (OCDE, 2019), et est donc considérée comme n'étant pas conformes à cet aspect de l'élément B.1.

Inclusion de la deuxième phrase de l'article 25(1) du Modèle de Convention fiscale de l'OCDE

23. Sur les onze conventions fiscales de Monaco, sept contiennent une disposition équivalente à la deuxième phrase de l'article 25(1) du Modèle de Convention fiscale de l'OCDE (OCDE, 2019) autorisant les contribuables à soumettre une demande de procédure amiable dans un délai d'au moins trois ans à compter de la première notification de la mesure qui entraîne une imposition non conforme aux dispositions de la convention fiscale concernée.

24. Les quatre autres conventions fiscales qui ne contiennent pas une telle disposition peuvent être analysées de la manière suivante :

Disposition	Nombre de conventions
Pas de disposition sur la PA	1
Délai pour soumettre une demande de procédure amiable inférieur à 3 ans (2 ans)	2
Délai pour soumettre une demande de procédure amiable supérieur à 3 ans (5 ans)	1

Avis des pairs

25. Aucun pair n'a formulé de commentaires pendant la phase 1.

Application pratique

Première phrase de l'article 25(1) du Modèle de Convention fiscale de l'OCDE

26. Toutes les conventions fiscales de Monaco, sauf une, contiennent une disposition autorisant les contribuables à soumettre une demande de PA indépendamment des recours prévus par le droit interne. Monaco a indiqué à ce sujet que rien dans sa législation interne n'empêchait les contribuables de recourir à la procédure amiable dans les cas où ils avaient tenté de résoudre le différend en exerçant les recours administratifs et judiciaires prévus par le droit interne de Monaco. À cet égard, Monaco a précisé qu'il donnerait accès à la procédure amiable même dans les cas où une procédure administrative ou judiciaire est en cours ou dans les cas où une décision a été rendue par une administration ou par un tribunal au sujet de la même question. Toutefois, Monaco a fait savoir que son autorité compétente ne pouvait déroger à une décision rendue par un tribunal dans un cas soumis à la procédure amiable, et qu'elle tenterait donc uniquement de résoudre le cas en demandant au partenaire conventionnel de procéder à un ajustement corrélatif conforme à la décision du tribunal. La notice sur la procédure amiable de Monaco ne contient pas d'information à ce sujet.

Deuxième phrase de l'article 25(1) du Modèle de Convention fiscale de l'OCDE

27. Monaco a indiqué que si le délai prévu pour la soumission d'une demande de PA n'est pas précisé dans la convention fiscale concernée, son autorité compétente appliquera le délai prévu à l'article 25 du Modèle de Convention fiscale de l'OCDE (OCDE, 2019), qui est de trois ans à compter de la première notification de la mesure qui entraîne une imposition non conforme aux dispositions de la convention fiscale. Ceci sera expliqué plus en détail dans la Partie V de la notice sur la procédure amiable de Monaco.

Évolutions récentes

Modifications bilatérales

28. Monaco a récemment conclu une nouvelle convention fiscale avec un partenaire avec lequel aucune convention n'était en vigueur auparavant. Cette convention n'est pas encore entrée en vigueur. Cette convention contient une disposition équivalente à l'article 25(1) du Modèle de Convention fiscale de l'OCDE (OCDE, 2016a) dans sa version antérieure à l'adoption du rapport final sur l'Action 14. L'analyse présentée ci-dessus tient compte des effets de cette convention négociée récemment, lorsqu'ils sont pertinents.

Instrument multilatéral

29. Monaco a signé l'Instrument multilatéral et a déposé son instrument de ratification le 10 janvier 2019. L'instrument multilatéral pour Monaco est entré en vigueur le 1er mai 2019.

Première phrase de l'article 25(1) du Modèle de Convention fiscale de l'OCDE

30. L'article 16(4)(a)(i) de l'Instrument multilatéral stipule que la première phrase de l'article 16(1) – qui contient l'équivalent de la première phase de l'article 25(1) du Modèle de Convention fiscale de l'OCDE (OCDE, 2019) tel que modifié par le rapport final sur l'Action 14 (OCDE, 2016b) et qui autorise la soumission de demandes de PA à l'autorité compétente de l'un des États contractants – s'applique à la place ou en l'absence d'une disposition dans les conventions fiscales qui est équivalente à la première phrase de l'article 25(1) du Modèle de Convention fiscale de l'OCDE (OCDE, 2016a) dans sa version antérieure à l'adoption du rapport final sur l'Action 14. Toutefois, cette clause s'applique uniquement si les deux parties contractantes à la convention fiscale applicable ont inclus cette convention dans la liste des conventions fiscales couvertes par l'Instrument multilatéral et si elles ont notifié le dépositaire, conformément à l'article 16(6)(a), que cette convention contient l'équivalent de la première phrase de l'article 25(1) du Modèle (OCDE, 2016a) dans sa version antérieure à l'adoption du rapport final sur l'Action 14 (OCDE, 2016b). L'article 16(4)(a)(i) ne prendra pas effet pour une convention si l'un des partenaires conventionnels s'est réservé le droit, conformément à l'article 16(5)(a), de ne pas appliquer la première phrase de l'article 16(1) de cet instrument à l'ensemble de ses Conventions fiscales couvertes.

31. Conformément à l'article 16(5)(a) de l'Instrument multilatéral, Monaco s'est réservé le droit de ne pas appliquer la première phrase de l'article 16(1) de cet instrument à ses conventions fiscales existantes, qui autorise les contribuables à soumettre une demande de PA à l'autorité compétente de l'un ou l'autre des États contractants[1] Dans sa réserve, Monaco a déclaré qu'il veillerait à ce que toutes ses conventions fiscales considérées comme des conventions fiscales couvertes aux fins de l'Instrument multilatéral contiennent

bien une disposition équivalente à la première phrase de l'article 25(1) du Modèle (OCDE, 2016a) dans sa version antérieure au rapport final sur l'Action 14 (OCDE, 2016b). Il a ajouté qu'il engagerait un processus de notification ou de consultation bilatérale pour les cas dans lesquels son autorité compétente juge que l'objection soulevée par un contribuable dans sa demande de PA n'est pas recevable. L'instauration et la mise en œuvre de ce processus sont analysés plus en détail au titre de l'élément B.2.

32. Compte tenu de ce qui précède, et suite à la réserve formulée par Monaco, la convention mentionnée au paragraphe 22 ci-dessus qui est considérée comme n'incluant pas de disposition équivalente à la première phrase de l'article 25(1) du Modèle de Convention fiscale de l'OCDE (OCDE, 2016a) dans sa version antérieure au rapport final sur l'Action 14 (OCDE, 2016b) ne sera pas modifiée par l'Instrument multilatéral afin de permettre aux contribuables de soumettre une demande de PA à l'autorité compétente de l'un ou l'autre des États contractants.

Deuxième phrase de l'article 25(1) du Modèle de Convention fiscale de l'OCDE

33. S'agissant du délai pour soumettre une demande de PA, l'article 16(4)(a)(ii) de l'Instrument multilatéral stipule que la deuxième phrase de l'article 16(1) – qui contient l'équivalent de la deuxième phrase de l'article 25(1) du Modèle de Convention fiscale de l'OCDE (OCDE, 2019) – s'applique lorsque ce délai est inférieur à trois ans à compter de la première notification de la mesure qui entraîne une imposition non conforme aux dispositions d'une convention fiscale. Toutefois, cette clause s'applique uniquement si les deux parties contractantes à la convention fiscale applicable ont inclus cette convention dans la liste des conventions fiscales couvertes par l'Instrument multilatéral et si elles ont notifié le dépositaire, conformément à l'article 16(6)(b)(i), que cette convention ne contient pas de disposition équivalente à la deuxième phrase de l'article 25(1) du Modèle de Convention fiscale de l'OCDE (OCDE, 2019).

34. Concernant les deux conventions fiscales mentionnées dans le paragraphe 24 ci-dessus qui prévoient un délai inférieur à trois ans pour la soumission d'une demande de PA, Monaco a inclus ces deux conventions dans la liste des conventions fiscales couvertes par l'Instrument multilatéral et a notifié le dépositaire, conformément à l'article 16(6)(b)(i), qu'elles ne contiennent pas de disposition équivalente à celle décrite à l'article 16(4)(a)(ii). Les deux partenaires conventionnels concernés sont également signataires de l'Instrument multilatéral, ont inclus la convention avec Monaco dans la liste des conventions fiscales couvertes et l'ont notifié au dépositaire.

35. L'un de ces partenaires a déjà déposé son instrument de ratification. Aussi, l'Instrument multilatéral est entré en vigueur pour la convention entre Monaco et ce partenaire conventionnel, et a donc modifié cette convention fiscale de manière à inclure l'équivalent de la deuxième phrase de l'article 25(1) du Modèle de Convention fiscale de l'OCDE (OCDE, 2019). La convention restante sera modifiée par l'Instrument multilatéral lorsqu'il sera entré en vigueur pour cette convention, afin d'inclure cette disposition équivalente.

Autres développements

36. Monaco a indiqué que des négociations sont prévues et ont été engagées pour la convention qui ne contient pas l'équivalent de la première phrase de l'article 25(1) du Modèle de Convention fiscale de l'OCDE (OCDE, 2016a) dans sa version antérieure à

l'adoption du rapport final sur l'Action 14 (OCDE 2016b), et qui ne sera pas modifiée par l'Instrument multilatéral.

Avis des pairs

37. Aucun pair n'a formulé de commentaires sur la mise en œuvre du standard minimum de l'Action 14 par Monaco.

Modifications prévues

38. Monaco a précisé qu'il s'efforcera d'inclure l'article 25(1) du Modèle de Convention fiscale de l'OCDE (OCDE, 2016a), dans sa version antérieure à l'adoption du rapport final sur l'Action 14 (OCDE, 2016b), dans toutes ses conventions fiscales futures.

Conclusion

	Points à améliorer	Recommandations
[B.1]	L'une des 11 conventions fiscales ne contient pas de disposition équivalente à la première phrase de l'article 25(1) du Modèle de Convention fiscale de l'OCDE (OCDE, 2016a) dans sa version antérieure à l'adoption du Rapport final sur l'Action 14 (OCDE, 2016b) ou tel que modifié par celui-ci (OCDE, 2019). Cette convention ne sera pas modifiée par l'Instrument multilatéral. Des négociations sont prévues au sujet de cette convention.	Étant donné que cette convention ne sera pas modifiée par l'Instrument multilatéral de manière à inclure l'équivalent de la première phrase de l'article 25(1) du Modèle de Convention fiscale de l'OCDE (OCDE, 2019), dans sa version modifiée par le rapport final sur l'Action 14, devrait continuer (d'engager) les négociations avec son partenaire conventionnel afin d'inclure la disposition requise. Il s'agit d'une disposition équivalente à la première phrase de l'article 25(1 du Modèle de Convention fiscale de l'OCDE : a. soit telle qu'amendée par le rapport final sur l'Action 14 (OCDE, 2016b) b. soit dans sa version antérieure à l'adoption du rapport final sur l'Action 14 (OCDE, 2016b), en intégrant l'intégralité de la phase de cette disposition.

[B.2] Autoriser la soumission d'une demande d'ouverture de procédure amiable auprès de l'autorité compétente de l'un ou l'autre des États contractants ou mettre en place un processus de notification ou de consultation bilatérale

Les pays devraient s'assurer que (i) leurs conventions fiscales contiennent une disposition qui prévoit que le contribuable peut adresser une demande d'assistance amiable à l'autorité compétente de l'une ou l'autre Partie contractante, ou (ii) si la convention ne permet pas qu'une demande de procédure amiable puisse être formulée auprès de l'une ou l'autre des Parties contractantes et si l'autorité compétente qui a reçu la demande de procédure amiable du contribuable considère que l'objection du contribuable n'est pas fondée, elle doit mettre en place un processus de notification ou de consultation bilatérale pour donner à l'autre autorité compétente l'opportunité de formuler son opinion sur l'affaire (en précisant que la consultation ne doit pas être interprétée comme une consultation sur le fond de l'affaire).

39. Pour faire en sorte que toutes les autorités compétentes concernées soient informées des demandes de procédure amiable formulées, afin qu'elles puissent examiner le cas de manière appropriée et afin que les contribuables aient effectivement accès à la procédure amiable dans les cas répondant aux critères requis, il est indispensable que toutes les

conventions fiscales contiennent une disposition qui autorise les contribuables à formuler une demande de procédure amiable auprès de l'autorité compétente soit :

i. de l'une ou l'autre des parties contractantes ou, en l'absence d'une telle disposition,

ii. de leur pays de résidence ou de l'État dont ils ont la nationalité si leur cas relève de l'article sur la non-discrimination. Si tel est le cas, les juridictions doivent avoir mis en place un processus de notification ou de consultation bilatérale pour les cas où une autorité compétente considère que les réclamations formulées par le contribuable dans le cadre d'une demande de procédure amiable ne sont pas fondées.

Processus interne de notification ou de consultation bilatérale

40. Comme indiqué dans la section relative à l'élément B.1, sur les 11 conventions fiscales de Monaco, une seule contient une disposition équivalente à la première phrase de l'article 25(1) du Modèle de Convention fiscale de l'OCDE (OCDE, 2019), telle qu'amendée par le rapport final sur l'Action 14 (OCDE, 2016b), qui permet aux contribuables de soumettre une demande de procédure amiable à l'autorité compétente de l'une ou l'autre des parties contractantes. De plus, ainsi que l'explique également la section relative à l'élément B.1, aucune de ces 11 conventions ne sera, suite à la réserve émise par Monaco conformément à l'article 16(5)(a) de l'Instrument multilatéral, modifiée par celui-ci afin de permettre aux contribuables de soumettre une demande de procédure amiable à l'autorité compétente de l'une ou l'autre des parties contractantes.

41. Monaco a indiqué qu'il a mis en place un processus de notification qui autorise l'autre autorité compétente concernée à faire connaître son point de vue pour le cas où son autorité compétente considère que l'objection formulée dans le cadre d'une demande de procédure amiable n'est pas fondée. Ce processus est documenté dans la notice sur la procédure amiable de Monaco. Monaco a en outre précisé que ce processus avait également été documenté en interne et que les agents en charge des cas de procédure amiable avaient été informés à ce sujet et devaient appliquer ce processus à tous les cas soumis à la procédure amiable.

42. Monaco a indiqué que bien qu'elle n'ait pas encore reçu de demande de PA, son autorité compétente avait l'intention d'appliquer ce processus aux cas ultérieurs de procédure amiable dès lors qu'il était applicable.

Évolutions récentes

43. Aucun autre fait nouveau n'est à mentionner en ce qui concerne l'élément B.2.

Application pratique

Période comprise entre le 1er janvier 2016 et le 31 mars 2019 (phase 1)

44. Monaco a indiqué que son autorité compétente n'avait pas eu à traiter de demande de PA au cours de la période comprise entre le 1erjanvier 2016 et le 31 mars 2019.

45. Aucun pair n'a formulé de commentaires sur la mise en œuvre du standard minimum de l'Action 14 par Monaco.

Période comprise entre le 1er avril 2017 et le 31 décembre 2020 (phase 2)

46. Monaco a indiqué que son autorité compétente n'avait pas eu à traiter de demande de PA depuis le 1er avril 2019.

47. Aucun pair n'a formulé de commentaires sur la mise en œuvre du standard minimum de l'Action 14 par Monaco.

Modifications prévues

48. Monaco a indiqué ne pas prévoir de modifications relatives à l'élément B.2.

Conclusion

	Points à améliorer	Recommandations
[B.2]	-	-

[B.3] Donner accès à la procédure amiable aux cas portant sur les prix de transfert

Les pays devraient ouvrir l'accès à la procédure amiable aux cas portant sur les prix de transfert.

49. Lorsque deux ou plusieurs administrations fiscales adoptent des positions différentes sur ce qui constitue des conditions de pleine concurrence pour des transactions spécifiques conclues entre des entreprises associées, une double imposition économique peut se produire. Le fait de ne pas ouvrir l'accès à la procédure amiable suite à un ajustement de prix de transfert effectué par l'autre État contractant, laquelle viserait à éliminer la double imposition économique susceptible de résulter de tels ajustements, ira probablement à l'encontre d'un objectif essentiel des conventions fiscales. Les pays doivent donc ouvrir l'accès à la procédure amiable aux cas portant sur les prix de transfert.

Cadre juridique et administratif

50. Sur les 11 conventions fiscales de Monaco, 8 contiennent une disposition équivalente à l'article 9(2) du Modèle de Convention fiscale de l'OCDE (OCDE, 2019), prévoyant que son État procède à un ajustement corrélatif si un ajustement lié aux prix de transfert a été effectué par l'autre État contractant. L'une des trois autres conventions fiscales ne contient pas de disposition fondée sur l'article 9 du Modèle de Convention fiscale de l'OCDE (OCDE, 2019) concernant les entreprises associées. Les deux conventions restantes contiennent une disposition fondée sur l'article 9(2) du Modèle de Convention fiscale de l'OCDE (OCDE, 2019), mais qui s'écarte de cette disposition pour les raisons suivantes :

- Dans l'une de ces conventions, l'ajustement corrélatif y est considéré comme facultatif, de par l'usage de l'auxiliaire « pouvoir » plutôt que « devoir ».
- Dans l'une de ces conventions, les ajustements corrélatifs y sont considérés comme facultatif, de par l'usage de l'auxiliaire « pouvoir » plutôt que « devoir » et ne peuvent être effectués que dans le cadre de la procédure amiable.

51. L'accès à la procédure amiable doit être donné aux cas portant sur les prix de transfert, indépendamment du fait qu'une disposition équivalente à l'article 9(2) soit présente dans les conventions fiscales conclues par Monaco et que sa législation interne autorise ou non les ajustements corrélatifs. Conformément à l'élément B3, transposé du standard minimum

de l'Action 14, Monaco a indiqué qu'il donnera toujours accès à la procédure amiable aux cas portant sur les prix de transfert et qu'il est disposé à procéder à des ajustements corrélatifs, indépendamment du fait qu'une disposition équivalente à l'article 9(2) du Modèle de Convention fiscale de l'OCDE (OCDE, 2019) soit ou non présente dans ses conventions fiscales.

52. Il est confirmé dans la Partie I de la notice sur la procédure amiable de Monaco que les contribuables avaient accès à la procédure amiable dans les cas portant sur les prix de transfert.

Évolutions récentes

Modifications bilatérales

53. Monaco a récemment conclu une nouvelle convention fiscale avec un partenaire avec lequel aucune convention n'était en vigueur auparavant. Cette convention n'est pas encore entrée en vigueur. Cette convention contient une disposition équivalente à l'article 9(2) du Modèle de Convention fiscale de l'OCDE (OCDE, 2019). L'analyse présentée ci-dessus tient compte des effets de cette convention négociée récemment, lorsqu'ils sont pertinents.

Instrument multilatéral

54. Monaco a signé l'Instrument multilatéral et a déposé son instrument de ratification le 10 janvier 2019. L'instrument multilatéral pour Monaco est entré en vigueur le 1er mai 2019.

55. L'article 17(2) de cet instrument dispose que l'article 17(1) – qui contient l'équivalent de l'article 9(2) du Modèle de Convention fiscale de l'OCDE (OCDE, 2019) – s'appliquera à la place ou en l'absence, dans ses conventions fiscales, d'une disposition équivalente à l'article 9(2) du Modèle (OCDE, 2019). Toutefois, cette clause s'applique uniquement si les deux parties contractantes ont inclus la convention fiscale applicable dans la liste des conventions fiscales couvertes par l'Instrument multilatéral. L'article 17(2) de l'Instrument multilatéral ne prend pas effet pour une convention fiscale si l'un des partenaires conventionnels ou les deux se sont, conformément à l'article 17(3), réservé le droit de ne pas appliquer l'article 17(2) aux conventions qui contiennent déjà l'équivalent de l'article 9(2) du Modèle (OCDE, 2019), ou de ne pas appliquer l'article 17(2) en l'absence de cette disposition équivalente à la condition : (i) qu'elle procède aux ajustements corrélatifs appropriés ou (ii) que son autorité compétente s'efforce de régler le différend en recourant à la procédure amiable prévue par la convention fiscale applicable. Si aucune des parties n'a émis une telle réserve, l'article 17(4) de l'Instrument multilatéral prévoit que les deux parties doivent notifier au dépositaire si la convention applicable contient déjà une disposition équivalente à l'article 9(2) du Modèle de Convention fiscale de l'OCDE (OCDE, 2019). Si les deux parties notifient le dépositaire en ce sens, l'Instrument multilatéral modifie la convention de manière à remplacer cette disposition. Si aucune des deux parties n'a formulé cette notification ou si une seule l'a fait, l'article 17(1) de l'Instrument multilatéral remplacera cette convention uniquement dans la mesure où la disposition contenue dans cette convention relative aux ajustements corrélatifs est incompatible avec l'article 17(1) [qui contient l'équivalent de l'article 9(2) du Modèle de Convention fiscale de l'OCDE (OCDE, 2019)].

56. Conformément à l'article 17(3), Monaco s'est réservé le droit de ne pas appliquer l'article 17(2) de l'Instrument multilatéral aux conventions qui contiennent déjà une disposition équivalente à l'article 9(2) du Modèle de Convention fiscale de l'OCDE (OCDE,

2019). S'agissant des deux conventions mentionnées dans le paragraphe 50 ci-dessus qui ne contiennent pas une disposition équivalente à l'article 9(2) du Modèle de Convention fiscale de l'OCDE (OCDE, 2019) (sans compter celle qui ne contient pas du tout l'article 9), Monaco les a incluses dans la liste des conventions couvertes par l'Instrument multilatéral, mais en les faisant figurer dans la liste des conventions pour lesquelles il s'est réservé le droit, conformément à l'article 17(3), de ne pas appliquer l'article 17(2) de l'Instrument multilatéral. Aussi, au stade actuel, aucune des deux conventions fiscales mentionnées ci-dessus ne sera modifiée par l'Instrument multilatéral lorsqu'il entrera en vigueur pour ces conventions, de manière à inclure l'équivalent de l'article 9(2) du Modèle de Convention fiscale de l'OCDE (OCDE, 2019).

Application du Cadre juridique et administratif en pratique

Période comprise entre le 1er janvier 2016 et le 31 mars 2019 (phase 1)

57. Monaco a indiqué qu'au cours de la période comprise entre le 1er janvier 2016 et le 31 mars 2019, il n'a pas refusé l'accès à la procédure amiable au motif qu'il s'agissait d'un cas portant sur les prix de transfert. Toutefois, aucune demande de procédure amiable portant sur ce sujet n'a été reçue pendant cette période.

58. Aucun pair n'a formulé de commentaires sur la mise en œuvre du standard minimum de l'Action 14 par Monaco.

Période comprise entre le 1er avril 2019 et le 31 décembre 2020 (phase 2)

59. Monaco a indiqué que depuis le 1er avril 2019, il n'a jamais refusé l'accès à la procédure amiable au motif que la demande concernait un cas portant sur les prix de transfert. Aucune demande de procédure amiable portant sur ce sujet n'a toutefois été reçue depuis cette date.

60. Aucun pair n'a formulé de commentaires sur la mise en œuvre du standard minimum de l'Action 14 par Monaco.

Modifications prévues

61. Monaco s'est déclaré favorable à l'inclusion de l'article 9(2) du Modèle de Convention fiscale de l'OCDE (OCDE, 2019) dans ses conventions fiscales lorsque c'est possible et il s'efforcera d'intégrer cette disposition dans toutes ses conventions fiscales à l'avenir. Pour le reste, Monaco n'a pas indiqué prévoir des modifications relatives à l'élément B.3.

Conclusion

	Points à améliorer	Recommandations
[B.3]	-	-

[B.4] Donner accès à la procédure amiable dans le cadre de l'application des dispositions anti-abus

> Les pays devraient ouvrir la procédure amiable aux cas dans lesquels le contribuable et les autorités fiscales qui effectuent l'ajustement sont en désaccord sur la question de savoir si les conditions d'application de la disposition anti-abus d'une convention sont remplies ou si l'application de la disposition anti-abus du droit national est en conflit avec les dispositions d'une convention.

62. Aucune règle d'application générale n'exclut du champ d'application de la procédure amiable les situations perçues comme étant abusives. Afin de préserver les contribuables de l'application arbitraire des dispositions anti-abus des conventions fiscales et afin de faire en sorte que les autorités compétentes s'entendent sur cette application, il est important que les contribuables aient accès à la procédure amiable s'ils considèrent que l'interprétation et/ou l'application d'une disposition anti-abus d'une convention est incorrecte. En outre, pour éviter les cas dans lesquels l'application de dispositions anti-abus de droit interne entre en conflit avec les dispositions d'une convention fiscale, il est également important que les contribuables aient accès à la procédure amiable dans de tels cas.

Cadre juridique et administratif

63. Aucune des 11 conventions fiscales conclues par Monaco n'autorise les autorités compétentes à restreindre l'accès à la procédure amiable dans les cas où une disposition anti-abus d'une convention s'applique ou s'il y a désaccord entre le contribuable et l'administration fiscale sur le point de savoir si l'application d'une disposition anti-abus du droit national est en conflit avec les dispositions d'une convention fiscale. En outre, aucune disposition de droit interne et/ou des processus administratifs de Monaco n'autorise son autorité compétente à limiter l'accès à la procédure amiable dans les cas où il y a désaccord entre le contribuable et l'administration fiscale sur le point de savoir si l'application d'une disposition anti-abus du droit national est en conflit avec les dispositions d'une convention fiscale. Il est précisé dans la Partie I de la notice sur la procédure amiable de Monaco que les contribuables avaient accès à la procédure amiable dans les cas portant sur l'interprétation des dispositions anti-abus.

Évolutions récentes

64. Aucun autre fait nouveau n'est à mentionner en ce qui concerne l'élément B.4.

Application pratique

Période comprise entre le 1er janvier 2016 et le 31 mars 2019 (phase 1)

65. Monaco a indiqué qu'au cours de la période comprise entre le 1er janvier 2016 et le 31 mars 2019, son autorité compétente n'a jamais refusé l'accès à la procédure amiable dans des cas où le contribuable et les autorités fiscales ayant procédé à l'ajustement étaient en désaccord sur la question de savoir les conditions d'application de la disposition anti-abus d'une convention étaient remplies ou si l'application de la disposition anti-abus du droit national était en conflit avec les dispositions d'une convention. Toutefois, aucune demande de procédure amiable portant sur ce sujet n'a été reçue pendant cette période.

66. Aucun pair n'a formulé de commentaires sur la mise en œuvre du standard minimum de l'Action 14 par Monaco.

Période comprise entre le 1er avril 2019 et le 31 décembre 2020 (phase 2)

67. Monaco e a indiqué que, depuis le 1er avril 2019, il n'a jamais refusé l'accès à la procédure amiable dans des cas où le contribuable et les autorités fiscales étaient en désaccord sur la question de savoir si les conditions d'application de la disposition anti-abus d'une convention étaient remplies ou si l'application de la disposition anti-abus du droit national était en conflit avec les dispositions d'une convention. Aucune demande de procédure amiable portant sur ce sujet n'a toutefois été reçue depuis cette date.

68. Aucun pair n'a formulé de commentaires sur la mise en œuvre du standard minimum de l'Action 14 par Monaco.

Modifications prévues

69. Monaco a indiqué ne pas prévoir de modifications relatives à l'élément B.4.

Conclusion

	Points à améliorer	Recommandations
[B.4]	-	-

[B.5] Donner accès à la procédure amiable en cas de transaction conclue à l'issue d'un contrôle fiscal

> Les pays ne devraient pas refuser l'accès à la procédure amiable dans les cas où des transactions ont été conclues entre les autorités fiscales et les contribuables. Si les pays disposent d'un processus administratif ou légal de règlement des différends indépendant des fonctions de contrôle fiscal, qui ne peut être enclenché que sur requête d'un contribuable, ils peuvent limiter l'accès à la procédure amiable pour en écarter les questions réglées par ce processus.

70. La conclusion d'une transaction peut être utile à un contribuable dans la mesure où elle apporte une certitude sur sa situation fiscale. Néanmoins, la conclusion d'une telle transaction ne réglant pas nécessairement la double imposition, les contribuables devraient avoir accès à la procédure amiable dans de tels cas, à moins qu'ils n'aient déjà été résolus via des procédures internes indépendantes des fonctions de contrôle fiscal et qui ne sont accessibles qu'à la demande des contribuables.

Cadre juridique et administratif

Transactions à l'issue d'un contrôle fiscal

71. Le droit interne de Monaco ne permet pas aux contribuables et à l'administration fiscale de conclure une transaction.

Processus administratif ou légal de règlement des différends

72. Monaco a indiqué ne pas avoir mis en place de processus administratif ou légal de règlement des différends indépendant des fonctions de contrôle fiscal et qui ne peut être enclenché que sur requête d'un contribuable.

Évolutions récentes

73. Aucun autre fait nouveau n'est à mentionner en ce qui concerne l'élément B.5.

Application pratique

Période comprise entre le 1er janvier 2016 et le 31 mars 2019 (phase 1)

74. Monaco a indiqué qu'au cours de la période comprise entre le 1er janvier 2016 et le 31 mars 2019, il n'a jamais refusé l'accès à la procédure amiable au motif que la question soumise par le contribuable dans sa demande de procédure amiable avait déjà été résolue via une transaction entre le contribuable et l'administration fiscale à l'issue d'un contrôle fiscal, dans la mesure où de telles transactions ne sont toujours pas possible à Monaco.

75. Aucun pair n'a formulé de commentaires sur la mise en œuvre du standard minimum de l'Action 14 par Monaco.

Période comprise entre le 1er avril 2019 et le 31 décembre 2020 (phase 2)

76. Monaco a également indiqué que depuis le 1er avril 2019, il n'a jamais refusé l'accès à la procédure amiable au motif que la question soumise par le contribuable dans sa demande de procédure amiable a déjà été résolue via une transaction entre le contribuable et l'administration fiscale à l'issue d'un contrôle fiscal, dans la mesure où de telles transactions ne sont toujours pas possible à Monaco.

77. Aucun pair n'a formulé de commentaires sur la mise en œuvre du standard minimum de l'Action 14 par Monaco.

Modifications prévues

78. Monaco a indiqué ne pas prévoir de modifications relatives à l'élément B.5.

Conclusion

	Points à améliorer	Recommandations
[B.5]	-	-

[B.6] Donner accès à la procédure amiable lorsque les informations demandées sont fournies

> Les pays ne devraient pas restreindre l'accès à la procédure amiable au motif que les informations communiquées sont insuffisantes si le contribuable a fourni les informations demandées en suivant les règles, lignes directrices et procédures établies pour le recours à la procédure amiable et son utilisation.

79. Pour résoudre un cas dans lequel l'imposition n'est pas conforme aux dispositions de la convention fiscale, il est important que les autorités compétentes ne restreignent pas l'accès à la procédure amiable lorsque les contribuables ont fourni les informations et les documents requis, conformément aux instructions de la juridiction. L'accès à la procédure amiable sera facilité si la liste de ces informations et documents à fournir est publiée.

Cadre juridique d'accès à la procédure amiable et informations à fournir

80. Les informations et les documents qui doivent être joints à une demande d'ouverture de la procédure amiable auprès de l'autorité compétente monégasque sont examinés à l'élément B.8.

81. Il est précisé dans la Partie VIII de la notice sur la procédure amiable publiée par Monaco qu'à l'issue d'un premier examen de la demande de PA, son autorité compétente informera le contribuable si des informations ou des documents supplémentaires doivent être communiqués et lui laissera un délai de deux mois pour s'exécuter. Si le contribuable ne transmet par les informations complémentaires dans les délais requis, le cas soumis à la procédure amiable sera clos et l'objection soulevée par le contribuable sera considérée comme non fondée.

Évolutions récentes

82. Aucun autre fait nouveau n'est à mentionner en ce qui concerne l'élément B.6.

Application pratique

Période comprise entre le 1er janvier 2016 et le 31 mars 2019 (phase 1)

83. Monaco a indiqué donner accès à la procédure amiable dans tous les cas où les contribuables transmettent les informations ou documents demandés dans la notice sur la procédure amiable. Il a en outre indiqué qu'au cours de la période comprise entre le 1er janvier 2016 et le 31 mars 2019, son autorité compétente n'a pas refusé l'accès à la procédure amiable au motif que le contribuable n'avait pas fourni les informations ou les documents requis, ce qui est logique en l'absence de cas soumis à la procédure amiable à Monaco au cours de cette période.

84. Aucun pair n'a formulé de commentaires sur la mise en œuvre du standard minimum de l'Action 14 par Monaco.

Période comprise entre le 1er avril 2019 et le 31 décembre 2020 (phase 2)

85. Monaco a indiqué que depuis le 1er avril 2019, son autorité compétente n'a pas refusé l'accès à la procédure amiable dans les cas pour lesquels les contribuables avaient fourni les informations ou les documents requis, ce qui est logique en l'absence de cas soumis à la procédure amiable à Monaco depuis cette date.

86. Aucun pair n'a formulé de commentaires sur la mise en œuvre du standard minimum de l'Action 14 par Monaco.

Modifications prévues

87. Monaco a indiqué ne pas prévoir de modifications relatives à l'élément B.6.

Conclusion

	Points à améliorer	Recommandations
[B.6]	-	-

[B.7] Inclure la seconde phrase de l'article 25(3) du Modèle de Convention fiscale de l'OCDE dans les conventions fiscales

> Les pays devraient s'assurer que leurs conventions fiscales contiennent une disposition qui permet aux autorités compétentes de se concerter pour éliminer la double imposition dans les cas non prévus dans leurs conventions fiscales.

88. Pour s'assurer que les conventions fiscales fonctionnent de manière effective et pour que les autorités compétentes puissent réagir rapidement à des situations imprévues, il est utile que les conventions fiscales incluent la seconde phrase de l'article 25(3) du Modèle de Convention fiscale de l'OCDE (OCDE, 2019) leur permettant de se concerter pour éliminer la double imposition dans les cas non prévus dans leur convention fiscale.

Situation actuelle des conventions fiscales de Monaco

89. Dix des onze conventions fiscales de Monaco contiennent une disposition équivalente à la deuxième phrase de l'article 25(3) du Modèle de Convention fiscale de l'OCDE (OCDE, 2019) autorisant leurs autorités compétentes à se concerter pour éliminer la double imposition dans les cas non prévus dans leurs conventions fiscales. La convention restante ne contient pas de disposition fondée sur, ou équivalente à la seconde phrase de l'article 25(3) du Modèle de Convention fiscale de l'OCDE (OCDE, 2019).

Évolutions récentes

Modifications bilatérales

90. Monaco a récemment conclu une nouvelle convention fiscale avec un partenaire avec lequel aucune convention n'était en vigueur auparavant. Cette convention n'est pas encore entrée en vigueur. Elle contient une disposition équivalente à la deuxième phrase du paragraphe 3 de l'article 25 du Modèle de Convention fiscale de l'OCDE (OCDE, 2019). L'analyse présentée ci-dessus tient compte des effets de cette convention négociée récemment, lorsqu'ils sont pertinents.

Instrument multilatéral

91. Monaco a signé l'Instrument multilatéral et a déposé son instrument de ratification le 10 janvier 2019. L'instrument multilatéral pour Monaco est entré en vigueur le 1er mai 2019.

92. L'article 16(4)(c)(ii) de cet instrument dispose que la deuxième phrase de l'article 16(3) – qui contient une disposition équivalente à la deuxième phrase de l'article 25(3) du Modèle de Convention fiscale de l'OCDE (OCDE, 2019) – s'appliquera en l'absence de disposition contenue dans les conventions fiscales qui est équivalente à la deuxième phrase de l'article 25(3) du Modèle (OCDE, 2019). En d'autres termes, en l'absence de cette disposition équivalente, l'article 16(4)(c)(ii) de l'Instrument multilatéral modifiera la convention fiscale applicable de manière à inclure cette disposition équivalente. Toutefois, cette clause s'applique uniquement si les deux parties contractantes à la convention fiscale applicable ont inclus cette convention dans la liste des conventions fiscales couvertes par l'Instrument multilatéral et si elles ont notifié le dépositaire, conformément à l'article 16(6)(d)(ii), que cette convention ne contient pas l'équivalent de la deuxième phrase de l'article 25(3) du Modèle de Convention fiscale de l'OCDE (OCDE, 2019).

93. S'agissant de la convention fiscale mentionnée ci-dessus qui ne contient pas la disposition équivalente à la deuxième phrase de l'article 25(3) du Modèle de Convention fiscale de l'OCDE (OCDE, 2019), Monaco a inclus cette convention dans la liste des conventions fiscales couvertes par l'Instrument multilatéral et a formulé une notification, conformément à l'article 16(6)(d)(ii), indiquant qu'elle ne contient pas la disposition décrite à l'article 16(4)(c)(ii). Le partenaire conventionnel concerné est signataire de l'Instrument multilatéral a inclus sa convention fiscale conclue avec Monaco dans la liste des conventions couvertes en vertu de l'Instrument multilatéral et en a aussi notifié le dépositaire.

94. Ce partenaire conventionnel a déjà déposé son instrument de ratification, de sorte que l'Instrument multilatéral est entré en vigueur pour la convention entre Monaco et ce partenaire et a donc modifié cette convention fiscale de manière à inclure l'équivalent de la deuxième phrase de l'article 25(2) du Modèle de Convention fiscale de l'OCDE (OCDE, 2019).

Avis des pairs

95. Aucun pair n'a formulé de commentaires sur la mise en œuvre du standard minimum de l'Action 14 par Monaco.

Modifications prévues

96. Monaco a indiqué qu'il continuera de s'efforcer d'inclure la seconde phrase de l'article 25(3) du Modèle de Convention fiscale de l'OCDE (OCDE, 2019) dans toutes ses futures conventions.

Conclusion

	Points à améliorer	Recommandations
[B.7]	-	-

[B.8] Publier des instructions claires et détaillées relatives à la procédure amiable

> Les pays devraient publier des règles, lignes directrices et procédures claires sur l'accès à la procédure amiable et son utilisation, précisant les informations et documents spécifiques qui doivent accompagner une demande d'assistance amiable adressée par un contribuable.

97. Les informations relatives au programme de procédure amiable d'une juridiction facilitent l'ouverture et le règlement en temps opportun de la procédure amiable. Des règles, lignes directrices et procédures claires sur l'accès à la procédure amiable et son utilisation sont indispensables pour que les contribuables et les autres parties prenantes soient informés du fonctionnement de la procédure amiable dans une juridiction donnée. En outre, pour s'assurer que la demande d'ouverture de procédure amiable d'un contribuable sera reçue et examinée par l'autorité compétente en temps voulu, il est important que les instructions relatives à la procédure amiable d'un pays expliquent de manière claire et détaillée comment un contribuable peut soumettre une demande de procédure amiable et quelles informations doivent être jointes à sa demande.

Instructions relatives à la procédure amiable de Monaco

98. Monaco a publié en avril 2019 une notice sur la procédure amiable, qui a été mise à jour en avril 2019 et sui est disponible en français à l'adresse suivante :

https://www.gouv.mc/content/view/full/9135

99. Ce document comporte huit parties, qui abordent, entre autres, les points suivants :

i. généralités sur la double imposition et la procédure amiable
ii. fondement de la procédure amiable
iii. nature juridique et objet de la procédure amiable
iv. demande de procédure amiable (contribuables concernés, coordonnées de l'autorité compétente)
v. délai pour formuler une demande de procédure amiable
vi. contenu de la demande de procédure amiable
vii. collaboration du contribuable
viii. procédure amiable (les différentes étapes).

100. Ces différentes sections couvrent les informations suivantes :

a. des informations sur l'interlocuteur au sein de l'autorité compétente ou sur l'entité chargée des cas soumis à la procédure amiable
b. les modalités et la forme à respecter pour soumettre la demande de procédure amiable
c. les informations et documents spécifiques qui doivent accompagner une demande de procédure amiable (voir également ci-après)
d. les modalités de fonctionnement de la procédure amiable en termes de délais et de rôle des autorités compétentes
e. des informations sur l'accès à l'arbitrage
f. l'accès à la procédure amiable dans les cas relatifs aux prix de transfert, à l'application des dispositions anti-abus et aux différends multilatéraux
g. relation avec les recours internes
h. la mise en œuvre des accords amiables
i. les droits et le rôle des contribuables dans le processus
j. les charges d'intérêts, remboursements et pénalités
k. les étapes de la procédure et les délais applicables pour la mise en œuvre des accords amiables, y compris toute action, le cas échéant, du ressort des contribuables.

101. La notice sur la procédure amiable susmentionnée contient des renseignements détaillés sur la disponibilité et l'utilisation de la procédure amiable et ses modalités pratiques. Elle énumère également les éléments d'information qui, selon le Forum PA-FAF, doivent figurer dans les instructions relatives à la procédure amiable qui sont émises par une juridiction, à savoir : (i) des informations sur l'interlocuteur au sein de l'autorité compétente ou sur l'entité chargée des cas soumis à la procédure amiable et (ii) les modalités et la forme à respecter pour soumettre la demande de procédure amiable[2]

102. Bien que les informations figurant dans la notice sur la procédure amiable publiée par Monaco soient détaillées et complètes, quelques questions n'y sont pas abordées, notamment :

- la suspension du recouvrement de l'impôt
- la disponibilité de la procédure amiable pour les cas portant sur les ajustements effectués de bonne foi à l'initiative d'une autorité étrangère
- le point de savoir si les contribuables peuvent solliciter le règlement par la procédure amiable de questions relatives à différents exercices dans les cas appropriés.

Informations et documents à joindre à une demande de procédure amiable

103. Pour faciliter l'examen d'une demande de procédure amiable par les autorités compétentes et pour plus de cohérence dans le contenu requis des demandes de procédure amiable, le Forum PA-FAF a énuméré, dans ses instructions, les informations et documents qu'un contribuable doit joindre à sa demande {§13} Cette liste est reproduite ci-après. La notice sur la procédure amiable publiée par Monaco énumère les éléments à inclure dans une demande de procédure amiable (si disponible) :

- ☑ identité du ou des contribuables concernés par la demande de procédure amiable
- ☑ fondement de la demande
- ☑ faits propres à l'affaire
- ☑ analyse de la question ou des questions à régler par la procédure amiable
- ☑ mention du fait que la demande de procédure amiable a également été soumise à l'autorité compétente de l'autre partie à la convention
- ☑ mention du fait que la demande de procédure amiable a également été soumise à une autre autorité compétente en vertu d'un autre instrument qui prévoit un mécanisme de règlement des différends relatifs à une convention
- ☑ mention du fait que la question ou les questions posées ont déjà été traitées
- ☑ une déclaration confirmant que l'ensemble des informations et des documents qui accompagnent la demande de procédure amiable sont exacts et que le contribuable aidera l'autorité compétente à régler la ou les questions posées dans la demande en lui communiquant en temps voulu tout autre élément d'information ou document requis.

104. Outre les points ci-dessus, il est également indiqué dans la notice sur la procédure amiable de Monaco que les contribuables doivent préciser :

- l'identité des autres personnes potentiellement et directement concernées
- l'autorité fiscale monégasque concernée, y compris la personne de contact dans la mesure où elle est connue.

Évolutions récentes

105. Aucun autre fait nouveau n'est à mentionner en ce qui concerne l'élément B.8.

Modifications prévues

106. Monaco a indiqué ne pas prévoir de modifications relatives à l'élément B.8.

Conclusion

	Points à améliorer	Recommandations
[B.8]	-	-

[B.9] Faire en sorte que les instructions relatives à la procédure amiable soient disponibles et facilement accessibles et publier le profil sur la procédure amiable

> Les pays devraient prendre les dispositions adéquates pour que les règles, lignes directrices et procédures sur l'accès à la procédure amiable et son utilisation soient disponibles et facilement accessibles par le public, et devraient publier leurs profils sur la procédure amiable sur une plateforme d'information destinée au public selon le modèle défini d'un commun accord.

107. La disponibilité publique et l'accessibilité des instructions relatives à la procédure amiable d'une juridiction donnée permettent d'améliorer l'information des parties prenantes sur l'accès à la procédure amiable et sa mise en œuvre pratique dans cette juridiction. Par ailleurs, la publication du profil sur la procédure amiable sur une plateforme commune destinée au public favorise encore la transparence et la diffusion du programme de procédure amiable[3]

Règles, lignes directrices et procédures sur l'accès à la procédure amiable et son utilisation

108. La notice sur la procédure amiable de Monaco est publiée et disponible à l'adresse suivante :

https://www.gouv.mc/content/view/full/9135 (en français)

109. Cette notice a été publiée en avril 2019 et mise à jour pour la dernière fois en mai 2019. S'agissant de l'accessibilité, la notice sur la procédure amiable de Monaco est facilement consultable sur le site du gouvernement de la Principauté, sous la rubrique « La fiscalité internationale », à la section intitulée « Les accords bilatéraux signés par Monaco en matière fiscale ». Une recherche par mots clés (« La procédure amiable ») sur le site permet également d'y accéder facilement.

Profil sur la procédure amiable

110. Le profil sur la procédure amiable de Monaco est publié sur le site Internet de l'OCDE et a été mis à jour pour la dernière fois en mai 2019. Ce profil est complet et fournit souvent des informations détaillées. Des liens externes renvoient vers des informations et des instructions supplémentaires le cas échéant.

Évolutions récentes

111. Aucun autre fait nouveau n'est à mentionner en ce qui concerne l'élément B.9.

Modifications prévues

112. Monaco a indiqué ne pas prévoir de modifications relatives à l'élément B.9.

Conclusion

	Points à améliorer	Recommandations
[B.9]	-	-

[B.10] Préciser dans les instructions publiées que la conclusion d'une transaction à l'issue d'un contrôle fiscal n'empêche pas d'ouvrir une procédure amiable

> Les pays devraient préciser dans leurs instructions sur la procédure amiable que la conclusion de transactions entre les autorités fiscales et les contribuables n'exclut pas l'ouverture d'une procédure amiable. Si les pays disposent d'un processus administratif ou légal de règlement des différends indépendant des fonctions de contrôle fiscal, qui ne peut être enclenché que sur requête d'un contribuable, et s'ils limitent l'accès à la procédure amiable pour en écarter les questions réglées par ce processus, ils devraient notifier à leurs partenaires à une convention l'existence de tels processus administratifs ou légaux et mentionner expressément les effets de ces processus sur la procédure amiable dans les orientations publiées à l'intention du public relatives à ces processus et dans celles relatives au programme de procédure amiable.

113. Comme indiqué à l'élément B.5, la conclusion d'une transaction peut être utile à un contribuable dans la mesure où elle apporte une sécurité juridique sur sa situation fiscale. Néanmoins, la conclusion d'une telle transaction ne résout pas nécessairement la double imposition, et il est important de préciser, dans les instructions relatives à la procédure amiable de la juridiction, que la procédure amiable est ouverte aux contribuables en cas de conclusion d'une transaction. En outre, afin de préciser le lien entre les éventuels processus administratifs ou légaux internes de règlement des différends et la procédure amiable, il est essentiel que les instructions portant sur ces processus et les instructions relatives à la procédure amiable mentionnent les effets de ces processus sur la procédure amiable, le cas échéant. Enfin, la procédure amiable étant une approche collaborative entre les partenaires à une convention, il est utile que ces partenaires soient pleinement informés de leurs programmes respectifs en termes de procédure amiable et des éventuelles restrictions applicables, en particulier s'agissant des processus décrits ci-dessus.

Procédure amiable et conclusion de transactions dans les instructions relatives à la procédure amiable

114. Comme mentionné à l'élément B.5, la conclusion de transactions à l'issue d'un contrôle fiscal n'est pas possible à Monaco et Monaco ne dispose pas d'un processus administratif ou légal de règlement des différends indépendant des fonctions de contrôle fiscal, qui ne peut être enclenché que sur requête d'un contribuable. Dès lors, il n'est pas nécessaire que la notice sur la procédure amiable de Monaco aborde la question des effets de ce processus.

115. Aucun pair n'a formulé de commentaires sur la mise en œuvre du standard minimum de l'Action 14 par Monaco.

Notification aux partenaires à la convention de processus administratifs ou légaux internes de règlement des différends existant dans la juridiction

116. Étant donné que Monaco ne dispose pas d'un processus administratif ou légal de règlement des différends, il n'est pas nécessaire d'en informer les partenaires conventionnels.

Évolutions récentes

117. Aucun autre fait nouveau n'est à mentionner en ce qui concerne l'élément B.10.

Modifications prévues

118. Monaco a indiqué ne pas prévoir de modifications relatives à l'élément B.10.

Conclusion

	Points à améliorer	Recommandations
[B.10]	-	-

Notes

1. La réserve concernant l'Article 16 – Procédure amiable est la suivante : « Conformément à l'article 16(5)(a) de la Convention, Monaco se réserve le droit de ne pas appliquer la première phrase du paragraphe 1 à ses Conventions fiscales couvertes, au motif qu'il a l'intention de satisfaire la norme minimale relative à l'amélioration du règlement des différends définie dans le cadre du Projet BEPS de l'OCDE et du G20 en garantissant qu'aux fins de chacune de ses Conventions fiscales couvertes (autre qu'une Convention fiscale couverte qui permet à une personne de soumettre son cas à l'autorité compétente de l'une ou l'autre des Juridictions contractantes), lorsqu'une personne estime que les mesures prises par une Juridiction contractante ou par les deux Juridictions contractantes entraînent ou entraîneront pour elle une imposition non conforme aux dispositions de la Convention fiscale couverte, cette personne peut, indépendamment des recours prévus par le droit interne de ces Juridictions contractantes, soumettre son cas à l'autorité compétente de la Juridiction contractante dont la personne est un résident ou, si le cas relève de la disposition d'une Convention fiscale couverte relative à la non-discrimination fondée sur la nationalité, à la Juridiction contractante dont elle possède la nationalité; et l'autorité compétente de cette Juridiction contractante engage un processus bilatéral de notification ou de consultation avec l'autorité compétente de l'autre Juridiction contractante pour les cas où l'autorité compétente saisie d'un cas de procédure amiable considère que la réclamation du contribuable n'est pas fondée ». Pour un aperçu des positions de Monaco au regard de l'Instrument multilatéral, voir : www.oecd.org/tax/treaties/beps-mli-position-monaco.pdf.

2. Disponible à l'adresse : www.oecd.org/fr/fiscalite/beps/beps-action-14-accroitre-l-efficacite-des-mecanismes-de-reglement-des-differends-documents-pour-l-examen-par-les-pairs.pdf.

3. La plateforme commune est disponible à l'adresse : www.oecd.org/fr/fiscalite/beps/pa-fiches-par-pays.htm.

Références

OCDE (2016a), *Modèle de Convention fiscale concernant le revenu et la fortune 2014 (Version complète)*, Éditions OCDE, Paris, https://doi.org/10.1787/9789264239142-fr.

OCDE (2016b), « Accroître l'efficacité des mécanismes de règlement des différends, Action 14 – Rapport final 2015 », *Projet OCDE/G20 sur l'érosion de la base d'imposition et le transfert de bénéfices*, Éditions OCDE, Paris, https://doi.org/10.1787/9789264252370-fr.

OCDE (2019), *Modèle de Convention fiscale concernant le revenu et la fortune 2017 (Version complète)*, Éditions OCDE, Paris, https://doi.org/10.1787/0faf9b6c-fr.

Partie C

Résolution des cas soumis à la procédure amiable

[C.1] Inclure la première phrase de l'article 25(3) du Modèle de Convention fiscale de l'OCDE dans les conventions fiscales

> Les pays devraient s'assurer que leurs conventions fiscales contiennent une disposition qui exige de l'autorité compétente qui reçoit une demande de procédure amiable du contribuable de s'efforcer, si la réclamation lui paraît fondée et si elle n'est pas elle-même en mesure d'y apporter une solution satisfaisante, de résoudre le cas par voie d'accord amiable avec l'autorité compétente de l'autre Partie contractante, en vue d'éviter une imposition non conforme à la convention fiscale.

119. Il est crucial qu'en plus d'autoriser les contribuables à demander l'ouverture d'une procédure amiable, les conventions fiscales contiennent l'équivalent de la première phrase de l'article 25(2) du Modèle de Convention fiscale de l'OCDE (OCDE, 2019) qui oblige les autorités compétentes, lorsqu'elles ne sont pas en mesure d'apporter une solution satisfaisante à un différend de manière unilatérale, à entrer en discussion pour résoudre les cas d'imposition non conforme aux dispositions de la convention fiscale.

Situation actuelle des conventions fiscales de Monaco

120. Sur les 11 conventions fiscales de Monaco, 10 contiennent une disposition équivalente à la première phrase de l'article 25(2) du Modèle de Convention fiscale de l'OCDE (OCDE, 2019), exigeant de l'autorité compétente – lorsque l'objection soulevée est fondée et lorsqu'aucune solution unilatérale n'est possible – qu'elle s'efforce de résoudre le cas de procédure amiable par voie d'accord amiable avec l'autorité compétente de l'autre État contractant, afin d'éviter une imposition non conforme à la convention fiscale. La convention restante ne contient pas de disposition fondée sur, ou équivalente à la première phrase de l'article 25(2) du Modèle de Convention fiscale de l'OCDE (OCDE, 2019).

Évolutions récentes

Modifications bilatérales

121. Monaco a récemment conclu une nouvelle convention fiscale avec un partenaire avec lequel aucune convention n'était en vigueur auparavant. Cette convention n'est pas encore entrée en vigueur. Cette convention fiscale contient une disposition équivalente à la première phrase de l'article 25(2) du Modèle de Convention fiscale de l'OCDE (OCDE, 2019). L'analyse présentée ci-dessus tient compte des effets de cette convention négociée récemment, lorsqu'ils sont pertinents.

Instrument multilatéral

122. Monaco a signé l'Instrument multilatéral et a déposé son instrument de ratification le 10 janvier 2019. L'instrument multilatéral pour Monaco est entré en vigueur le 1er mai 2019.

123. L'article 16(4)(b)(i) de cet instrument dispose que la première phrase de l'article 16(2) – qui contient l'équivalent de la première phrase de l'article 25(2) du Modèle de Convention fiscale de l'OCDE (OCDE, 2019) – s'appliquera en l'absence de disposition contenue dans les conventions fiscales qui soit équivalente à la première phrase de l'article 5(2) du Modèle de Convention fiscale de l'OCDE (OCDE, 2019). En d'autres termes, en l'absence de cette disposition équivalente, l'article 16(4)(b)(i) de l'Instrument multilatéral modifiera la convention fiscale applicable afin d'inclure cette disposition équivalente. Toutefois, cette clause s'applique uniquement si les deux parties contractantes à la convention fiscale applicable ont inclus cette convention dans la liste des conventions fiscales couvertes par l'Instrument multilatéral et si elles ont notifié le dépositaire, conformément à l'article 16(6)(c)(i), que cette convention ne contient pas de disposition équivalente à la première phrase de l'article 25(2) du Modèle de Convention fiscale de l'OCDE (OCDE, 2019).

124. S'agissant de la convention fiscale mentionnée ci-dessus qui ne contient pas une disposition équivalente à la première phrase de l'article 25(2) du Modèle (OCDE, 2019)., Monaco a inclus cette convention dans la liste des conventions fiscales couvertes par l'Instrument multilatéral et, conformément à l'article 16(6)(c)(i), a formulé une notification indiquant qu'elle ne contient pas la disposition décrite à l'article 16(4)(b)(i). Le partenaire conventionnel concerné est signataire de l'Instrument multilatéral a inclus sa convention fiscale conclue avec Monaco dans la liste des conventions couvertes en vertu de l'Instrument multilatéral et en a aussi notifié le dépositaire.

125. Ce partenaire a déposé son instrument de ratification, de sorte que l'Instrument multilatéral est entré en vigueur pour la convention entre Monaco et ce partenaire conventionnel, et a donc modifié cette convention fiscale de manière à inclure l'équivalent de la première phrase de l'article 25(2) du Modèle de Convention fiscale de l'OCDE (OCDE, 2019).

Avis des pairs

126. Aucun pair n'a formulé de commentaires sur la mise en œuvre du standard minimum de l'Action 14 par Monaco.

Modifications prévues

127. Monaco a indiqué qu'il continuera de s'efforcer d'inclure la première phrase de l'article 25(2) du Modèle de Convention fiscale de l'OCDE (OCDE, 2019) dans toutes ses conventions fiscales à l'avenir.

Conclusion

	Points à améliorer	Recommandations
[C.1]	-	-

[C.2] S'efforcer de régler les cas soumis à la procédure amiable dans un délai moyen de 24 mois

> Les pays devraient s'efforcer de régler les différends soumis à la procédure amiable dans un délai moyen de 24 mois. Ce délai s'applique aux deux pays (celui qui reçoit la demande de procédure amiable du contribuable et son partenaire à la convention).

128. La double imposition suscite des incertitudes et entraîne des coûts pour les contribuables et pour les juridictions. En outre, le règlement des cas soumis à la procédure amiable peut permettre d'éviter des problèmes potentiels qui seraient similaires et concerneraient les mêmes contribuables par la suite. Ainsi, il est important que les différends soumis à la procédure amiable soient réglés rapidement. Un délai moyen de 24 mois est considéré comme approprié pour la résolution des cas soumis à la procédure amiable.

Publication des statistiques sur la procédure amiable

129. Le Forum PA-FAF a adopté des règles pour la déclaration des statistiques sur la procédure amiable (« **Cadre de suivi statistique sur la procédure amiable** ») concernant les demandes de procédure amiable déposées à partir du 1er janvier 2016 (« **cas postérieurs à 2015** »). Par ailleurs, en ce qui concerne les demandes de procédure amiable déposées avant cette date (« **cas antérieurs à 2016** »), le Forum PA-FAF a convenu de communiquer les statistiques sur la procédure amiable à partir d'un modèle développé conjointement. Monaco a soumis ses statistiques relatives à la procédure amiable conformément au Cadre de suivi statistique relatif à la procédure amiable et dans les délais prévus. Étant donné que Monaco n'a pas eu à traiter de demande de PA, il n'a pas été nécessaire pour lui de vérifier la concordance de ses statistiques avec ses partenaires conventionnels.

Analyse des statistiques relatives à la procédure amiable

130. Étant donné que Monaco n'a jamais eu à traiter de demande de PA, il n'a pas établi de système permettant de communiquer, d'analyser et de gérer les cas soumis à la procédure amiable avec ses partenaires.

Analyse du nombre de cas soumis à la procédure amiable à Monaco

131. Monaco n'a pas eu à traiter de demande de PA au cours de la période de déclaration des statistiques.

Vue d'ensemble des cas clos pendant la période de déclaration des statistiques

132. Monaco n'a pas eu à traiter de demande de PA au cours de la période de déclaration des statistiques.

Délai moyen nécessaire à la résolution des cas de procédure amiable

133. Monaco n'a pas eu à traiter de demande de PA au cours de la période de déclaration des statistiques.

Avis des pairs

134. Aucun pair n'a formulé de commentaires sur la mise en œuvre du standard minimum de l'Action 14 par Monaco.

Évolutions récentes

135. Aucun autre fait nouveau n'est à mentionner en ce qui concerne l'élément C.2.

Modifications prévues

136. Monaco a indiqué ne pas prévoir de modifications relatives à l'élément C.2.

Conclusion

	Points à améliorer	Recommandations
[C.2]	-	-

[C.3] Fournir des moyens appropriés à la fonction en charge de la procédure amiable

> Les pays devraient s'assurer que des moyens appropriés sont fournis à la fonction en charge de la procédure amiable.

137. Des moyens appropriés, incluant le personnel, les financements et la formation, sont nécessaires pour accomplir de façon correcte la fonction en charge de la procédure amiable et pour faire en sorte que les cas de procédure amiable sont réglés en temps opportun, de manière efficace et efficiente.

Description de l'autorité compétente monégasque

138. Les conventions fiscales monégasques prévoient que la fonction en charge de la procédure amiable est confiée au ministre des Finances et de l'Économie Cette fonction est exercée par le Département des Finances et de l'Économie au sein du Ministère, réunissant cinq personnes qui consacrent une partie de leur temps au traitement des cas soumis à la procédure amiable, parallèlement à d'autres tâches de nature budgétaire, financière et générale en lien avec la fiscalité internationale. Monaco a indiqué que son autorité compétente serait également assistée par cinq personnes ayant des compétences fiscales rattachées à la Direction des services fiscaux. Cet aspect est examiné plus en détail à l'élément C.4.

139. Monaco a indiqué que les ajustements qu'il faudrait éventuellement apporter au niveau des ressources allouées à son autorité compétente et à l'offre de formation des agents seront examinés en tant que de besoin. Étant donné que Monaco n'a pas encore eu à traiter de cas soumis à la procédure amiable, il n'est pas nécessaire d'établir un mécanisme d'évaluation des besoins en agents supplémentaires pour gérer les demandes de procédure amiable.

Mécanisme d'évaluation des besoins

140. Comme indiqué dans la section relative à l'élément C.2, Monaco n'a pas eu à traiter de demande de PA au cours de la période de déclaration des statistiques, de sorte qu'il n'a pas encore établi de mécanisme d'évaluation des ressources disponibles.

Évolutions récentes

141. Aucun autre fait nouveau n'est à mentionner en ce qui concerne l'élément C.3.

Application pratique

Statistiques relatives à la procédure amiable

142. Comme mentionné dans la section relative à l'élément C.2, l'autorité compétente monégasque n'a pas encore eu à traiter de demande de PA au cours de la période de déclaration des statistiques.

Avis des pairs

143. Aucun pair n'a formulé de commentaires sur la mise en œuvre du standard minimum de l'Action 14 par Monaco.

Modifications prévues

144. Monaco a indiqué ne pas prévoir de modifications relatives à l'élément C.3.

Conclusion

	Points à améliorer	Recommandations
[C.3]	-	-

[C.4] S'assurer que le personnel en charge de la procédure amiable dispose du pouvoir de résoudre les cas en adéquation avec la convention fiscale applicable

> Les pays devraient s'assurer que les personnels en charge des procédures amiables disposent du pouvoir de régler les différends soumis à la procédure amiable conformément aux dispositions de la convention fiscale applicable, en particulier sans avoir besoin de l'accord ou des instructions du personnel de l'administration fiscale qui a effectué les ajustements fiscaux concernés ou sans être influencés par des considérations liées à la politique fiscale que le pays concerné souhaiterait mettre en œuvre dans les futurs amendements à la convention.

145. Afin de contribuer à une résolution des cas sur une base cohérente et impartiale, il est essentiel que le personnel en charge des procédures amiables puisse résoudre (et résolve effectivement) les cas de procédure amiable, sans dépendre de l'aval ou des instructions du personnel de l'administration fiscale directement impliqué dans le redressement et sans considérations liées à la politique fiscale.

Fonctionnement du personnel en charge de la procédure amiable

146. Comme mentionné dans la section relative à l'élément C.3, l'autorité compétente monégasque est assistée par la Direction des services fiscaux qui est responsable du processus. Monaco a également indiqué que les agents de la Direction des services fiscaux dont il solliciterait le soutien sont indépendants des agents chargés du contrôle fiscal. Monaco a précisé que son autorité compétente est également responsable de la négociation des conventions, de l'interprétation générale des conventions fiscales et des travaux de politique fiscale. Monaco a également précisé que toutes les décisions en matière de procédure amiable reposeront sur la convention fiscale applicable et ne seront pas influencées par les propositions de modifications futures de la convention.

147. Compte tenu de ce qui précède, Monaco a confirmé que les agents chargés de la procédure amiable travaillent en toute indépendance et disposent du pouvoir de régler les différends soumis à la procédure amiable sans avoir besoin de l'accord ou des instructions du personnel de l'administration fiscale directement impliqué dans le redressement, et que le processus de négociation des accords amiables n'est pas influencé par des considérations liées à la politique fiscale que Monaco souhaiterait mettre en œuvre dans les futurs amendements de la convention.

Évolutions récentes

148. Aucun autre fait nouveau n'est à mentionner en ce qui concerne l'élément C.4.

Application pratique

149. Aucun pair n'a formulé de commentaires sur la mise en œuvre du standard minimum de l'Action 14 par Monaco.

Modifications prévues

150. Monaco a indiqué ne pas prévoir de modifications relatives à l'élément C.4.

Conclusion

	Points à améliorer	Recommandations
[C.4]	-	-

[C.5] Utiliser des indicateurs de performance appropriés pour la fonction en charge de la procédure amiable

> Les pays ne devraient pas évaluer les fonctions et agents de leurs autorités compétentes en charge des procédures amiables au moyen d'indicateurs de performance liés au montant des rectifications d'imposition qui ont été confirmées ou des recettes fiscales qui ont été maintenues.

151. Pour que chaque cas soit examiné selon ses caractéristiques propres et soit résolu de manière cohérente et impartiale, il est indispensable que les indicateurs de performances des fonctions et agents des autorités compétentes en charge des procédures amiables ne soient pas liés au montant des ajustements confirmés ou à un objectif en termes de recettes fiscales maintenues.

Indicateurs de performances utilisés par Monaco

152. Monaco n'ayant reçu aucune demande de procédure amiable pour le moment, aucun indicateur de performance n'avait été défini au moment de l'examen.

153. Le rapport final sur l'Action 14 (OCDE, 2016) contient des exemples d'indicateurs de performance jugés appropriés. Ces indicateurs sont reproduits ci-dessous :

- nombre de cas soumis à la procédure amiable qui ont été réglés
- cohérence (c'est-à-dire qu'une convention doit être appliquée, dans le respect des principes et de manière cohérente, aux différends soumis à la procédure amiable qui concernent des faits identiques et des contribuables se trouvant dans une situation similaire)
- délai de règlement d'un cas soumis à la procédure amiable (en sachant que la complexité du cas et d'autres facteurs échappant au contrôle de l'autorité compétente peuvent avoir un impact important sur ce délai).

154. Bien que Monaco n'utilise aucun de ces indicateurs, il a indiqué ne pas employer d'indicateurs pour les agents en charge de la procédure amiable qui soient liés au montant des ajustements confirmés ou des recettes fiscales maintenues. En d'autres termes, les agents en charge de la procédure amiable ne seraient pas évalués en fonction des résultats d'une procédure amiable.

Évolutions récentes

155. Aucun autre fait nouveau n'est à mentionner en ce qui concerne l'élément C.5.

Application pratique

156. Aucun pair n'a formulé de commentaires sur la mise en œuvre du standard minimum de l'Action 14 par Monaco.

Modifications prévues

157. Monaco a indiqué ne pas prévoir de modifications relatives à l'élément C.5.

Conclusion

	Points à améliorer	Recommandations
[C.5]	-	-

[C.6] Afficher sa position sur l'arbitrage dans le cadre de la procédure amiable

Les pays devraient faire preuve de transparence sur leur position concernant le mécanisme d'arbitrage dans le cadre de la PA.

158. L'inclusion d'une disposition sur l'arbitrage dans les conventions fiscales peut contribuer à faire en sorte que les cas de procédure amiable soient réglés dans un délai déterminé, ce qui procure une certaine sécurité juridique tant aux contribuables qu'aux autorités compétentes. Pour savoir précisément si les procédures d'arbitrage sont possibles

et seront incluses dans les conventions d'une juridiction donnée, il est important que cette juridiction fasse preuve de transparence sur sa position concernant le mécanisme d'arbitrage dans le cadre de la procédure amiable.

Position concernant l'arbitrage dans le cadre de la procédure amiable

159. Le profil sur la procédure amiable de Monaco indique clairement que le droit interne monégasque ne prévoit pas de limitations pour l'accès à l'arbitrage prévu dans ses conventions fiscales. La Partie VIII (5) de la notice sur la procédure amiable de Monaco précise également que le recours à l'arbitrage est possible pour les cas soumis à la procédure amiable dès lors que les conventions fiscales contiennent une disposition relative à l'arbitrage.

Évolutions récentes

160. Aucun autre fait nouveau n'est à mentionner en ce qui concerne l'élément C.6.

Application pratique

161. À ce jour, Monaco a inclus une clause d'arbitrage pour compléter la procédure amiable dans onze de ses conventions. Une de ces conventions contient une disposition équivalente à l'article 25(5) du Modèle de Convention fiscale de l'OCDE (OCDE, 2019), alors que d'autres contiennent un autre type de clause d'arbitrage obligatoire et contraignant.

Modifications prévues

162. Monaco a indiqué ne pas prévoir de modifications relatives à l'élément C.6.

Conclusion

	Points à améliorer	Recommandations
[C.6]	-	-

Références

OCDE (2016), « Accroître l'efficacité des mécanismes de règlement des différends, Action 14 – Rapport final 2015 », *Projet OCDE/G20 sur l'érosion de la base d'imposition et le transfert de bénéfices*, Éditions OCDE, Paris, https://doi.org/10.1787/9789264252370-fr.

OCDE (2019), *Modèle de Convention fiscale concernant le revenu et la fortune 2017 (Version complète)*, Éditions OCDE, Paris, https://doi.org/10.1787/0faf9b6c-fr.

Partie D

Mise en œuvre des accords amiables

[D.1] Mettre en œuvre tous les accords issus de la procédure amiable

Les pays devraient appliquer tout accord obtenu à l'issue d'une procédure amiable, y compris en procédant aux ajustements appropriés de l'impôt à recouvrer dans les cas portant sur les prix de transfert.

163. Afin de garantir une certitude absolue aux contribuables et aux juridictions, il est essentiel que tous les accords amiables soient mis en œuvre par les autorités compétentes concernées.

Cadre juridique de mise en œuvre des accords amiables

164. Monaco a indiqué que les contribuables peuvent, en vertu de son droit interne, faire l'objet d'un redressement au cours de l'année de dépôt de leur déclaration ou dans les trois années qui suivent. Néanmoins, Monaco a indiqué que tous les accords amiables seront mis en œuvre quels que soient les délais de prescription prévus par son droit interne, même en l'absence de disposition équivalente à l'article 25(2), deuxième phrase, du Modèle de Convention fiscale de l'OCDE (OCDE, 2019) dans la convention fiscale concernée. Ceci est confirmé dans la Partie VIII (5) de la notice sur la procédure amiable de Monaco.

165. Monaco a ajouté que lorsqu'un accord amiable est conclu, son autorité compétente en informe le contribuable dans un délai de 30 jours. À réception du courrier, le contribuable doit décider d'accepter ou non l'accord et en informer l'autorité compétente par écrit, son acceptation valant renoncement à tout recours disponibles en droit interne. Monaco a également précisé que si des intérêts ou des pénalités sont infligés à une juridiction en lien avec l'impôt sur lequel porte la procédure amiable, cet accord peut décider de l'opportunité d'un remboursement de ces intérêts ou pénalités. Si le contribuable accepte l'accord, l'autorité compétente monégasque s'emploie avec l'autorité compétente de l'autre juridiction à finaliser la mise en œuvre de cet accord conformément à la convention fiscale applicable. Ceci est confirmé dans la Partie VIII (5) de la notice sur la procédure amiable de Monaco.

Évolutions récentes

166. Aucun autre fait nouveau n'est à mentionner en ce qui concerne l'élément D.1.

Application pratique

Période comprise entre le 1er janvier 2016 et le 31 mars 2019 (phase 1)

167. Monaco a indiqué qu'aucun accord amiable nécessitant d'être mis en œuvre n'a été conclu au cour de la période comprise entre le 1er janvier 2016 et le 31 mars 2019.

168. Aucun pair n'a formulé de commentaires sur la mise en œuvre du standard minimum de l'Action 14 par Monaco.

Période comprise entre le 1er avril 2019 et le 31 décembre 2020 (phase 2)

169. Monaco a indiqué qu'aucun accord amiable nécessitant d'être mis en œuvre n'avait été conclu depuis le 1er avril 2019.

170. Aucun pair n'a formulé de commentaires sur la mise en œuvre du standard minimum de l'Action 14 par Monaco.

Modifications prévues

171. Monaco a indiqué ne pas prévoir de modifications relatives à l'élément D.1.

Conclusion

	Points à améliorer	Recommandations
[D.1]	-	-

[D.2] Mettre en œuvre tous les accords amiables en temps opportun

> Les accords auxquels les autorités compétentes sont parvenues par voie amiable doivent être appliqués en temps voulu.

172. Un retard dans la mise en œuvre des accords amiables peut avoir des conséquences financières défavorables tant pour les contribuables que pour les autorités compétentes. Pour éviter ce problème et offrir une certitude accrue à l'ensemble des parties concernées, il est important que les délais procéduraux ou légaux de la juridiction n'entravent pas l'application d'un accord amiable.

Calendrier indicatif de mise en œuvre des accords amiables

173. Comme on l'a vu à l'élément D.1, Monaco a indiqué qu'il informe le contribuable de la conclusion d'un accord amiable dans un délai de 30 jours. Monaco n'a pas mentionné d'autres délais applicables à la mise en œuvre d'accords amiables.

Évolutions récentes

174. Aucun autre fait nouveau n'est à mentionner en ce qui concerne l'élément D.2.

Application pratique

Période comprise entre le 1er janvier 2016 et le 31 mars 2019 (phase 1)

175. Monaco a indiqué qu'aucun accord amiable nécessitant d'être mis en œuvre n'a été conclu au cour de la période comprise entre le 1er janvier 2016 et le 31 mars 2019.

176. Aucun pair n'a formulé de commentaires sur la mise en œuvre du standard minimum de l'Action 14 par Monaco.

Période comprise entre le 1er avril 2019 et le 31 décembre 2020 (phase 2)

177. Monaco a indiqué qu'aucun accord amiable nécessitant d'être mis en œuvre n'a été conclu depuis le 1er avril 2019.

178. Aucun pair n'a formulé de commentaires sur la mise en œuvre du standard minimum de l'Action 14 par Monaco.

Modifications prévues

179. Monaco a indiqué ne pas prévoir de modifications relatives à l'élément D.2.

Conclusion

	Points à améliorer	Recommandations
[D.2]	-	-

[D.3] Inclure la seconde phrase de l'article 25(2) du Modèle de Convention fiscale de l'OCDE dans les conventions fiscales ou les dispositions conventionnelles alternatives des articles 9(1) et 7(2)

Les pays devraient (i) indiquer dans leurs conventions fiscales que tout accord obtenu à l'issue de la procédure amiable doit être appliqué quels que soient les délais prévus par leur droit interne, ou (ii) être prêts à accepter des dispositions conventionnelles alternatives qui limitent la période durant laquelle une Partie contractante peut procéder à un ajustement en vertu de l'article 9(1) ou 7(2) afin d'éviter les ajustements tardifs qui ne pourront pas faire l'objet d'un allègement en vertu de la procédure amiable.

180. Afin d'offrir une certitude absolue aux contribuables, il est essentiel de ne pas entraver la mise en œuvre des accords amiables par les délais prévus par le droit interne des pays concernés. Il est possible de fournir cette certitude en incluant une disposition équivalente à la seconde phrase de l'article 25(2) du Modèle de Convention fiscale de l'OCDE (OCDE, 2019) dans les conventions fiscales ou bien en limitant la période durant laquelle des ajustements peuvent être opérés en vertu des articles 9(1) ou 7(2), et ce afin d'éviter que les ajustements primaires tardifs n'entravent la possibilité d'obtenir un ajustement corrélatif par le biais de la procédure amiable.

Cadre juridique et situation actuelle des conventions fiscales de Monaco

181. Comme indiqué dans la section relative à l'élément D1, tous les accords amiables seraient mis en œuvre quels que soient les délais prévus par son droit interne même en l'absence d'une disposition équivalente à la deuxième phrase de l'article 25(2) du Modèle de Convention fiscale de l'OCDE (OCDE, 2019) dans la convention fiscale concernée.

182. Sur les onze conventions fiscales conclues par Monaco, neuf contiennent une disposition équivalente à la deuxième phrase de l'article 25(2) du Modèle de Convention fiscale de l'OCDE (OCDE, 2019), prévoyant que tout accord amiable obtenu par voie de procédure amiable doit être mis en œuvre quels que soient les délais prévus par le droit interne. Les deux conventions restantes ne contiennent pas de disposition fondée sur, ou équivalente à, la deuxième phrase de l'article 25(2) du Modèle de Convention fiscale de l'OCDE (OCDE, 2019).

Évolutions récentes

Modifications bilatérales

183. Monaco a récemment conclu une nouvelle convention fiscale avec un partenaire avec lequel aucune convention n'était en vigueur auparavant. Cette convention n'est pas encore entrée en vigueur. Cette convention contient une disposition équivalente à la seconde phrase de l'article 25(2) du Modèle de Convention fiscale de l'OCDE (OCDE, 2019). L'analyse présentée ci-dessus tient compte des effets de cette convention négociée récemment, lorsqu'ils sont pertinents.

Instrument multilatéral

184. Monaco a signé l'Instrument multilatéral et a déposé son instrument de ratification le 10 janvier 2019. L'instrument multilatéral pour Monaco est entré en vigueur le 1er juillet 2019.

185. L'article 16(4)(b)(ii) de cet instrument dispose que la deuxième phrase de l'article 16(2) – qui contient l'équivalent de la deuxième phrase de l'article 25(2) du Modèle de Convention fiscale de l'OCDE (OCDE, 2019) – s'appliquera en l'absence de disposition contenue dans les conventions fiscales qui soit équivalente à la deuxième phrase de l'article 25(2) du Modèle (OCDE, 2019). En d'autres termes, en l'absence de cette disposition équivalente, l'article 16(4)(b)(ii) de l'Instrument multilatéral modifiera la convention fiscale applicable afin d'inclure cette disposition équivalente. Toutefois, cette clause s'applique uniquement si les deux parties contractantes à la convention fiscale applicable ont inclus cette convention dans la liste des conventions fiscales couvertes par l'Instrument multilatéral et si elles ont notifié le dépositaire, conformément à l'article 1(6)(c)(ii), que cette convention ne contient pas de disposition équivalente à la deuxième phrase de l'article 25(2) du Modèle de Convention fiscale de l'OCDE (OCDE, 2019). L'article 16(4)(b)(ii) de l'Instrument multilatéral ne prendra pas effet pour une convention fiscale si l'un des partenaires de convention ou les deux se sont réservé le droit, conformément à l'article 16(5)(c), de ne pas appliquer la deuxième phrase de l'article 16(2) de cet Instrument à l'ensemble de leurs conventions fiscales couvertes à la condition que : (i) tout accord amiable obtenu soit mis en œuvre quels que soient les délais prévus par le droit interne des États contractants, ou (ii) la juridiction ait l'intention de se conformer au standard minimum de l'Action 14 en acceptant l'introduction dans ses conventions fiscales des dispositions alternatives à l'article 9(1) et à l'article 7(2) concernant l'application d'un délai pour procéder aux ajustements des bénéfices.

186. Conformément à l'article 16(5)(c), Monaco s'est réservé le droit de ne pas appliquer la deuxième phrase de l'article 16(2) de l'Instrument multilatéral. Aussi, au stade actuel, l'Instrument multilatéral ne modifiera pas les deux conventions de manière à inclure l'équivalent de la deuxième phrase de l'article 25(2) du Modèle de Convention fiscale de l'OCDE (OCDE, 2019).

Autres développements

187. Monaco a indiqué que des négociations sont prévues et ont été engagées pour les deux conventions qui ne contiennent pas de disposition équivalente à la seconde phrase de l'article 25(2) du Modèle de Convention fiscale de l'OCDE et qui ne seront pas modifiées par l'Instrument multilatéral.

Avis des pairs

188. Aucun pair n'a formulé de commentaires sur la mise en œuvre du standard minimum de l'Action 14 par Monaco.

Modifications prévues

189. Monaco a indiqué qu'il continuera de s'efforcer d'inclure la deuxième phrase de l'article 25(2) du Modèle de Convention fiscale de l'OCDE (OCDE, 2019) dans toutes ses conventions fiscales à l'avenir.

Conclusion

	Points à améliorer	Recommandations
[D.3]	Deux des onze conventions fiscales conclues par Monaco ne contiennent ni la disposition équivalente à la deuxième phrase de l'article 25(2) du Modèle de Convention fiscale de l'OCDE (OCDE, 2019), ni les deux dispositions alternatives visées à l'article 9(1) et à l'article 7(2). Aucune de ces deux conventions ne sera modifiée par l'instrument multilatéral pour inclure la disposition requise. Des négociations sont prévues au sujet de ces conventions.	Comme ces deux conventions, qui ne contiennent ni la disposition équivalente à la deuxième phrase de l'article 25(2) du Modèle de Convention fiscale de l'OCDE (OCDE, 2019) ni les deux dispositions alternatives ne seront pas modifiées par l'Instrument multilatéral, Monaco devrait continuer (d'engager) les négociations avec son partenaire conventionnel afin d'inclure la disposition requise ou accepter l'inclusion des deux dispositions alternatives.

Référence

OCDE (2019), *Modèle de Convention fiscale concernant le revenu et la fortune 2017 (Version complète)*, Éditions OCDE, Paris, https://doi.org/10.1787/0faf9b6c-fr.

Synthèse

	Points à améliorer	Recommandations
Partie A : Prévention des différends		
[A.1]	Une des onze conventions fiscales ne contient pas de disposition équivalente à la première phrase de l'article 25(3) du Modèle de Convention fiscale de l'OCDE (OCDE, 2019). Cette convention ne sera pas modifiée par l'Instrument multilatéral. Des négociations sont envisagées au sujet de cette convention.	Dans la mesure où une convention qui ne contient pas de disposition équivalente à la première phrase de l'article 25(3) du Modèle de convention fiscale de l'OCDE (OCDE, 2019) ne sera pas modifiée par l'Instrument multilatéral, Monaco devrait continuer (d'engager) les négociations avec son partenaire conventionnel afin d'inclure la disposition requise.
[A.2]	-	-
Partie B : Disponibilité et recours à la procédure amiable		
[B.1]	L'une des 11 conventions fiscales ne contient pas de disposition équivalente à la première phrase de l'article 25(1) du Modèle de Convention fiscale de l'OCDE (OCDE, 2016a) dans sa version antérieure à l'adoption du Rapport final sur l'Action 14 (OCDE, 2016b) ou tel que modifié par celui-ci (OCDE, 2019). Cette convention ne sera pas modifiée par l'Instrument multilatéral. Des négociations sont prévues au sujet de cette convention.	Étant donné que cette convention ne sera pas modifiée par l'Instrument multilatéral de manière à inclure l'équivalent de la première phrase de l'article 25(1) du Modèle de Convention fiscale de l'OCDE (OCDE, 2019), dans sa version modifiée par le rapport final sur l'Action 14 (OCDE, 2016b), devrait continuer (d'engager) les négociations avec son partenaire conventionnel afin d'inclure la disposition requise. Il s'agit d'une disposition équivalente à la première phrase de l'article 25(1 du Modèle de Convention fiscale de l'OCDE : a. soit telle qu'amendée par le rapport final sur l'Action 14 b. soit dans sa version antérieure à l'adoption du rapport final sur l'Action 14, en intégrant l'intégralité de la phase de cette disposition.
[B.2]	-	-
[B.3]	-	-
[B.4]	-	-
[B.5]	-	-
[B.6]	-	-
[B.7]	-	-
[B.8]	-	-
[B.9]	-	-
[B.10]	-	-
Partie C : Résolution des cas soumis à la procédure amiable		
[C.1]	-	-
[C.2]	-	-

	Points à améliorer	Recommandations
[C.3]	-	-
[C.4]	-	-
[C.5]	-	-
[C.6]	-	-
Partie D : mise en œuvre des accords amiables		
[D.1]	-	-
[D.2]	-	-
[D.3]	Deux des onze conventions fiscales conclues par Monaco ne contiennent ni la disposition équivalente à la deuxième phrase de l'article 25(2) du Modèle de Convention fiscale de l'OCDE (OCDE, 2019), ni les deux dispositions alternatives visées à l'article 9(1) et à l'article 7(2). Aucune de ces deux conventions ne sera modifiée par l'instrument multilatéral pour inclure la disposition requise. Des négociations sont prévues au sujet de ces conventions.	Comme ces deux conventions, qui ne contiennent ni la disposition équivalente à la deuxième phrase de l'article 25(2) du Modèle de Convention fiscale de l'OCDE (OCDE, 2019) ni les deux dispositions alternatives ne seront pas modifiées par l'Instrument multilatéral, Monaco devrait continuer (d'engager) les négociations avec son partenaire conventionnel afin d'inclure la disposition requise ou accepter l'inclusion des deux dispositions alternatives.

Annexe A

Réseau conventionnel de Monaco

			Article 25(1) du Modèle de convention fiscale de l'OCDE			Article 9(2) du Modèle de convention fiscale de l'OCDE	Anti-abus	Article 25(2) du Modèle de convention fiscale de l'OCDE		Article 25(3) du Modèle de convention fiscale de l'OCDE		Arbitrage
			B.1	B.1		B.3	B.4	C.1	D.3	A.1	B.7	C.6
Colonne 1	Colonne 2		Colonne 3	Colonne 4		Colonne 5	Colonne 6	Colonne 7	Colonne 8	Colonne 9	Colonne 10	Colonne 11
Partenaire à la convention	La CDI est-elle en vigueur ?		La CDI contient-elle la première phrase de l'article 25(1) du Modèle de convention fiscale de l'OCDE ? Dans l'affirmative, la disposition contenue dans la CDI prévoit-elle que le contribuable peut soumettre son cas à l'une ou l'autre autorité compétente ? (Nouvel article 25(1), première phrase)	La CDI contient-elle la deuxième phrase de l'article 25(1) du Modèle de convention fiscale de l'OCDE ? Dans la négative, veuillez en expliquer les raisons		La CDI contient-elle le paragraphe 2 de l'article 9 du Modèle de convention fiscale de l'OCDE ? Dans la négative, l'autorité compétente donne-t-elle accès à la procédure amiable aux cas portant sur les prix de transfert ?	La CDI contient-elle une disposition spécifique indiquant que l'article sur la procédure amiable ne sera pas disponible dans les cas où votre pays estime qu'il y a une violation de la CDI ou de la législation fiscale nationale ? Dans la négative, votre autorité compétente accepte-t-elle la demande d'un contribuable de bénéficier d'une PA pour ce type de cas ?	La CDI contient-elle la première phrase de l'article 25(2) du Modèle de convention fiscale de l'OCDE ?	La CDI contient-elle la deuxième phrase de l'article 25(2) du Modèle de convention fiscale de l'OCDE ? Dans la négative, la convention contient-elle des dispositions équivalentes aux dispositions prévues à l'article 7 et à l'article 9 du Modèle de convention fiscale de l'OCDE ?	La CDI contient-elle la première phrase de l'article 25(3) du Modèle de convention fiscale de l'OCDE ?	La CDI contient-elle la deuxième phrase de l'article 25 (3) du Modèle de convention fiscale de l'OCDE ?	La CDI contient-elle une disposition relative à l'arbitrage ?
	O = oui N = signée, en attente de ratification	Si N, date de signature	U/A = oui, l'une ou l'autre autorité compétente S = oui, seulement à une autorité compétente N = non	O = oui i = non il n'existe pas ce type de disposition ii = non, la période n'est pas de 3 ans iii = non, le point de départ du calcul de la période de 3 ans est différent iv = non, autres raisons		O = oui i = non, mais le recours pour les cas portant sur les prix de transfert est accordé ii = non, et le recours à la PA n'est pas accordé pour les cas portant sur les prix de transfert	O = oui i = non, et le recours à la PA est accordé à ce type de cas ii = non, mais le recours à la PA n'est pas accordé pour ce type de cas	O = oui N = non	O = oui i = non, mais disposition équivalente à l'article 7 ii = non, mais disposition équivalente à l'article 9 iii = non, mais dispositions équivalentes aux articles 7 et 9 N = non et pas de disposition équivalente aux articles 7 et 9	O = oui N = non	O = oui N = non	O = oui N = non
France	O	n.d.	N	i	n.d.	n.d.	i	O*	N	O	O	N

			Article 25(1) du Modèle de convention fiscale de l'OCDE			Article 9(2) du Modèle de convention fiscale de l'OCDE	Anti-abus	Article 25(2) du Modèle de convention fiscale de l'OCDE		Article 25(3) du Modèle de convention fiscale de l'OCDE		Arbitrage
			B.1	B.1		B.3	B.4	C.1	D.3	A.1	B.7	C.6
Colonne 1	Colonne 2		Colonne 3	Colonne 4		Colonne 5	Colonne 6	Colonne 7	Colonne 8	Colonne 9	Colonne 10	Colonne 11
Partenaire à la convention	La CDI est-elle en vigueur ?		La CDI contient-elle la première phrase de l'article 25(1) du Modèle de convention fiscale de l'OCDE ? Dans l'affirmative, la disposition contenue dans la CDI prévoit-elle que le contribuable peut soumettre son cas à l'une ou l'autre autorité compétente ? (Nouvel article 25(1), première phrase)	La CDI contient-elle la deuxième phrase de l'article 25(1) du Modèle de convention fiscale de l'OCDE ?	Dans la négative, veuillez en expliquer les raisons	La CDI contient-elle le paragraphe 2 de l'article 9 du Modèle de convention fiscale de l'OCDE ? Dans la négative, l'autorité compétente donne-t-elle accès à la procédure amiable aux cas portant sur les prix de transfert ?	La CDI contient-elle une disposition spécifique indiquant que l'article sur la procédure amiable ne sera pas disponible dans les cas où votre pays estime qu'il y a une violation de la CDI ou de la législation fiscale nationale ? Dans la négative, votre autorité compétente accepte-t-elle la demande d'un contribuable de bénéficier d'une PA pour ce type de cas ?	La CDI contient-elle la première phrase de l'article 25(2) du Modèle de convention fiscale de l'OCDE ?	La CDI contient-elle la deuxième phrase de l'article 25(2) du Modèle de convention fiscale de l'OCDE ? Dans la négative, la convention contient-elle des dispositions équivalentes aux dispositions prévues à l'article 7 et à l'article 9 du Modèle de convention fiscale de l'OCDE ?	La CDI contient-elle la première phrase de l'article 25(3) du Modèle de convention fiscale de l'OCDE ?	La CDI contient-elle la deuxième phrase de l'article 25 (3) du Modèle de convention fiscale de l'OCDE ?	La CDI contient-elle une disposition relative à l'arbitrage ?
Guernesey	O	n.d.	S	O	n.d.	O	i	O	O	O	O	N
Liechtenstein	O	n.d.	U/A	O	n.d.	O	i	O	O	O	O	O
Luxembourg	O	n.d.	S	O	n.d.	O	i	O	O	O	O	N
Mali	O	n.d.	S	O	n.d.	O	i	O	O	N	O	N
Malte	O	n.d.	S	O	n.d.	O	i	O	O	O	O	N
Maurice	O	n.d.	S	O	n.d.	O	i	O	O	O	O*	O
Monténégro	N	5/29/2019	S	O	n.d.	O	i	O	O	O	O	N
Qatar	O	n.d.	S	O*	n.d.	i	i	O	N	O	O	N
Seychelles	O	n.d.	S	ii*	2 ans	i	i	O	O	O	O	N
Saint-Kitts-et-Nevis	O	n.d.	S	ii	5 ans	O	i	O	O	O	O	N

Légende

E* La disposition incluse dans cette convention était déjà en ligne avec cet élément du standard minimum de l'Action 14 mais a été modifiée par l'Instrument multilatéral pour permettre le dépôt d'une demande d'ouverture de la procédure amiable dans l'un ou l'autre des états contractants.

E**	La disposition incluse dans cette convention n'était pas en ligne avec cet élément du standard minimum de l'Action 14, mais la convention a été modifiée par l'Instrument Multilatéral et est désormais ligne.
S*	La disposition incluse dans cette convention est déjà en ligne avec cet élément du standard minimum de l'Action 14 mais sera modifiée par l'Instrument multilatéral quand il entrera en vigueur pour cette convention en particulier afin de permettre le dépôt d'une demande d'ouverture de la procédure amiable dans l'un ou l'autre des états contractants.
O*	La disposition incluse dans cette convention n'était pas en ligne avec cet élément du standard minimum de l'Action 14, mais la convention a été modifiée par l'Instrument Multilatéral et est désormais en ligne avec ce standard.
O**	La disposition incluse dans cette convention prévoyait déjà une procédure d'arbitrage, qui a été remplacée par la partie VI de l'Instrument multilatéral incluant une procédure d'arbitrage obligatoire et contraignant.
O***	La disposition incluse dans cette convention ne prévoyait pas de procédure d'arbitrage, mais la partie VI de l'Instrument multilatéral s'applique, et inclut une procédure d'arbitrage obligatoire et contraignant dans cette convention.arbitration procedure is included in this treaty
i*/ii*/iv*/N*	La disposition incluse dans cette convention n'est pas en ligne avec cet élément du standard minimum de l'Action 14 mais la convention sera modifiée par l'Instrument multilatéral quand il entrera en vigueur pour cette convention et sera donc en ligne avec cet élément du standard de l'Action 14.
i**/iv**/N**	La disposition incluse dans cette convention n'est pas en ligne avec cet élément du standard minimum de l'Action 14 mais la convention sera remplacée par l'Instrument multilatéral quand il entrera en vigueur pour cette convention en particulier dans la mesure où la disposition conventionnelle existante est incompatible avec la disposition pertinente de l'Instrument multilatéral.
i***	La disposition incluse dans cette convention n'est pas en ligne avec cet élément du standard minimum de l'Action 14 mais la convention sera remplacée par l'Instrument multilatéral dans la mesure où la disposition conventionnelle existante est incompatible avec la disposition pertinente de l'Instrument multilatéral. The provision contained in this treaty is not in line with the requirements under this element of the Action 14 Minimum Standard, but the treaty will be superseded by the Multilateral Instrument only to the extent that existing treaty provisions are incompatible with the relevant provision of the Multilateral Instrument.

Annexe B

Statistiques relatives aux cas antérieurs à 2016 pour les périodes de déclaration des statistiques comprise entre le 1er janvier 2016 et le 31 décembre 2020 (2016, 2017, 2018, 2019 et 2020)

Statistiques 2016 sur la procédure amiable													
		Nombre des cas antérieurs à 2016 clôturés au cours de la période de déclaration, par résultat											
Catégorie de cas	Nombre des cas antérieurs à 2016 dans l'inventaire des cas soumis à la PA au 1er janvier 2016	Recours à la PA refusé	Objection non fondée	Retrait de la demande par le contribuable	Allègement consenti de façon unilatérale	Différend résolu par recours selon le droit interne	Accord éliminant entièrement la double imposition/ résolvant entièrement la question de l'imposition non conforme à la convention fiscale	Accord éliminant partiellement la double imposition/ résolvant partiellement la question de l'imposition non conforme à la convention fiscale	Accord sur l'absence d'imposition non conforme à la convention fiscale Absence d'accord	Absence d'accord, y compris un accord sur un désaccord	Tout autre résultat	Nombre des cas antérieurs à 2016 restant dans l'inventaire des cas soumis à la PA au 31 décembre 2016	Durée moyenne nécessaire (en mois) à la clôture des cas antérieurs à 2016 au cours de la période de déclaration
Colonne 1	Colonne 2	Colonne 3	Colonne 4.	Colonne 5	Colonne 6	Colonne 7	Colonne 8	Colonne 9	Colonne 10	Colonne 11	Colonne 12	Colonne 13	Colonne 14
Attribution/ affectation	0	0	0	0	0	0	0	0	0	0	0	0	n.d.
Autres	0	0	0	0	0	0	0	0	0	0	0	0	n.d.
Total	0	0	0	0	0	0	0	0	0	0	0	0	n.d.

Statistiques 2017 sur la procédure amiable													
		Nombre des cas antérieurs à 2016 clôturés au cours de la période de déclaration, par résultat											
Catégorie de cas	Nombre des cas postérieurs à 2015 dans l'inventaire des cas soumis à la PA au 1er janvier 2017	Recours à la PA refusé	Objection non fondée	Retrait de la demande par le contribuable	Allègement consenti de façon unilatérale	Différend résolu par recours selon le droit interne	Accord éliminant entièrement la double imposition/ résolvant entièrement la question de l'imposition non conforme à la convention fiscale	Accord éliminant partiellement la double imposition/ résolvant partiellement la question de l'imposition non conforme à la convention fiscale	Accord sur l'absence d'imposition non conforme à la convention fiscale Absence d'accord	Absence d'accord, y compris un accord sur un désaccord	Tout autre résultat	Nombre des cas antérieurs à 2016 restant dans l'inventaire des cas soumis à la PA au dimanche 31 décembre 2017	Durée moyenne nécessaire (en mois) à la clôture des cas antérieurs à 2016 au cours de la période de déclaration
Colonne 1	Colonne 2	Colonne 3	Colonne 4	Colonne 5	Colonne 6	Colonne 7	Colonne 8	Colonne 9	Colonne 10	Colonne 11	Colonne 12	Colonne 13	Colonne 14
Attribution/ Affectation	0	0	0	0	0	0	0	0	0	0	0	0	n.d.
Autres	0	0	0	0	0	0	0	0	0	0	0	0	n.d.
Total	0	0	0	0	0	0	0	0	0	0	0	0	n.d.

Statistiques 2018 sur la procédure amiable													
		Nombre des cas antérieurs à 2016 clôturés au cours de la période de déclaration, par résultat											
Catégorie de cas	Nombre des cas postérieurs à 2015 dans l'inventaire des cas soumis à la PA au 1er janvier 2018	Recours à la PA refusé	Objection non fondée	Retrait de la demande par le contribuable	Allègement consenti de façon unilatérale	Différend résolu par recours selon le droit interne	Accord éliminant entièrement la double imposition/ résolvant entièrement la question de l'imposition non conforme à la convention fiscale	Accord éliminant partiellement la double imposition/ résolvant partiellement la question de l'imposition non conforme à la convention fiscale	Accord sur l'absence d'imposition non conforme à la convention fiscale Absence d'accord	Absence d'accord, y compris un accord sur un désaccord	Tout autre résultat	Nombre des cas antérieurs à 2016 restant dans l'inventaire des cas soumis à la PA au lundi 31 décembre 2018	Durée moyenne nécessaire (en mois) à la clôture des cas antérieurs à 2016 au cours de la période de déclaration
Colonne 1	Colonne 2	Colonne 3	Colonne 4	Colonne 5	Colonne 6	Colonne 7	Colonne 8	Colonne 9	Colonne 10	Colonne 11	Colonne 12	Colonne 13	Colonne 14
Attribution/ Affectation	0	0	0	0	0	0	0	0	0	0	0	0	n.d.
Autres	0	0	0	0	0	0	0	0	0	0	0	0	n.d.
Total	0	0	0	0	0	0	0	0	0	0	0	0	n.d.

Statistiques 2019 sur la procédure amiable													
		Nombre des cas antérieurs à 2016 clôturés au cours de la période de déclaration, par résultat											
Catégorie de cas	Nombre des cas postérieurs à 2015 dans l'inventaire des cas soumis à la PA au 1er janvier 2019	Recours à la PA refusé	Objection non fondée	Retrait de la demande par le contribuable	Allègement consenti de façon unilatérale	Différend résolu par recours selon le droit interne	Accord éliminant entièrement la double imposition/ résolvant entièrement la question de l'imposition non conforme à la convention fiscale	Accord éliminant partiellement la double imposition/ résolvant partiellement la question de l'imposition non conforme à la convention fiscale	Accord sur l'absence d'imposition non conforme à la convention fiscale	Absence d'accord, y compris un accord sur un désaccord	Tout autre résultat	Nombre des cas antérieurs à 2016 restant dans l'inventaire des cas soumis à la PA au mardi 31 décembre 2019	Durée moyenne nécessaire (en mois) à la clôture des cas antérieurs à 2016 au cours de la période de déclaration
Colonne 1	Colonne 2	Colonne 3	Colonne 4	Colonne 5	Colonne 6	Colonne 7	Colonne 8	Colonne 9	Colonne 10	Colonne 11	Colonne 12	Colonne 13	Colonne 14
Attribution/ Affectation	0	0	0	0	0	0	0	0	0	0	0	0	n.d.
Autres	0	0	0	0	0	0	0	0	0	0	0	0	n.d.
Total	0	0	0	0	0	0	0	0	0	0	0	0	n.d.

Statistiques 2020 sur la procédure amiable													
Catégorie de cas	Nombre des cas postérieurs à 2015 dans l'inventaire des cas soumis à la PA au 1er janvier 2020	Nombre des cas antérieurs à 2016 clôturés au cours de la période de déclaration, par résultat										Nombre des cas antérieurs à 2016 restant dans l'inventaire des cas soumis à la PA au jeudi 31 décembre 2020	Durée moyenne nécessaire (en mois) à la clôture des cas antérieurs à 2016 au cours de la période de déclaration
		Recours à la PA refusé	Objection non fondée	Retrait de la demande par le contribuable	Allègement consenti de façon unilatérale	Différend résolu par recours selon le droit interne	Accord éliminant entièrement la double imposition/ résolvant entièrement la question de l'imposition non conforme à la convention fiscale	Accord éliminant partiellement la double imposition/ résolvant partiellement la question de l'imposition non conforme à la convention fiscale	Accord sur l'absence d'imposition non conforme à la convention fiscale	Absence d'accord, y compris un accord sur un désaccord	Tout autre résultat		
Colonne 1	Colonne 2	Colonne 3	Colonne 4.	Colonne 5	Colonne 6	Colonne 7	Colonne 8	Colonne 9	Colonne 10	Colonne 11	Colonne 12	Colonne 13	Colonne 14
Attribution/ Affectation	0	0	0	0	0	0	0	0	0	0	0	0	n.d.
Autres	0	0	0	0	0	0	0	0	0	0	0	0	n.d.
Total	0	0	0	0	0	0	0	0	0	0	0	0	n.d.

Annexe C

Statistiques relatives aux cas postérieurs à 2016 pour les périodes de déclaration des statistiques comprise entre le 1er janvier 2016 et le 31 décembre 2020 (2016, 2017, 2018, 2019 et 2020)

Statistiques 2016 sur la procédure amiable														
			Nombre des cas postérieurs à 2015 clôturés au cours de la période de déclaration, par résultat											
Catégorie de cas	Nombre des cas postérieurs à 2015 dans l'inventaire des cas soumis à la PA au 1er janvier 2016	Nombre des cas postérieurs à 2015 ouverts au cours de la période de déclaration	Recours à la PA refusé	Objection non fondée	Retrait de la demande par le contribuable	Allègement consenti de façon unilatérale	Différend résolu par recours selon le droit interne	Accord éliminant entièrement la double imposition/ résolvant entièrement la question de l'imposition non conforme à la convention fiscale	Accord éliminant partiellement la double imposition/ résolvant partiellement la question de l'imposition non conforme à la convention fiscale	Accord sur l'absence d'imposition non conforme à la convention fiscale Absence d'accord	Absence d'accord, y compris un accord sur un désaccord	Tout autre résultat	Nombre des cas postérieurs à 2015 restant dans l'inventaire des cas soumis à la PA au 1er janvier 2016	Durée moyenne nécessaire (en mois) à la clôture des cas postérieurs à 2015 au cours de la période de déclaration
Colonne 1	Colonne 2	Colonne 3	Colonne 4	Colonne 5	Colonne 6	Colonne 7	Colonne 8	Colonne 9	Colonne 10	Colonne 11	Colonne 12	Colonne 13	Colonne 14	Colonne 15
Attribution/ Affectation	0	0	0	0	0	0	0	0	0	0	0	0	0	n.d.
Autres	0	0	0	0	0	0	0	0	0	0	0	0	0	n.d.
Total	0	0	0	0	0	0	0	0	0	0	0	0	0	n.d.

Statistiques 2017 sur la procédure amiable														
			Nombre des cas postérieurs à 2015 clôturés au cours de la période de déclaration, par résultat											
Catégorie de cas	Nombre des cas postérieurs à 2015 dans l'inventaire des cas soumis à la PA au 1er janvier 2017	Nombre des cas postérieurs à 2015 ouverts au cours de la période de déclaration	Recours à la PA refusé	Objection non fondée	Retrait de la demande par le contribuable	Allègement consenti de façon unilatérale	Différend résolu par recours selon le droit interne	Accord éliminant entièrement la double imposition/ résolvant entièrement la question de l'imposition non conforme à la convention fiscale	Accord éliminant partiellement la double imposition/ résolvant partiellement la question de l'imposition non conforme à la convention fiscale	Accord sur l'absence d'imposition non conforme à la convention fiscale	Absence d'accord, y compris un accord sur un désaccord	Tout autre résultat	Nombre des cas postérieurs à 2015 restant dans l'inventaire des cas soumis à la PA au 31 décembre 2017	Durée moyenne nécessaire (en mois) à la clôture des cas postérieurs à 2015 au cours de la période de déclaration
Colonne 1	Colonne 2	Colonne 3	Colonne 4	Colonne 5	Colonne 6	Colonne 7	Colonne 8	Colonne 9	Colonne 10	Colonne 11	Colonne 12	Colonne 13	Colonne 14	Colonne 15
Attribution/ Affectation	0	0	0	0	0	0	0	0	0	0	0	0	0	n.d.
Autres	0	0	0	0	0	0	0	0	0	0	0	0	0	n.d.
Total	0	0	0	0	0	0	0	0	0	0	0	0	0	n.d.

Statistiques 2018 sur la procédure amiable														
			Nombre des cas postérieurs à 2015 clôturés au cours de la période de déclaration, par résultat											
Catégorie de cas	Nombre des cas postérieurs à 2015 dans l'inventaire des cas soumis à la PA au 1er janvier 2018	Nombre des cas postérieurs à 2015 ouverts au cours de la période de déclaration	Recours à la PA refusé	Objection non fondée	Retrait de la demande par le contribuable	Allègement consenti de façon unilatérale	Différend résolu par recours selon le droit interne	Accord éliminant entièrement la double imposition/ résolvant entièrement la question de l'imposition non conforme à la convention fiscale	Accord éliminant partiellement la double imposition/ résolvant partiellement la question de l'imposition non conforme à la convention fiscale	Accord sur l'absence d'imposition non conforme à la convention fiscale	Absence d'accord, y compris un accord sur un désaccord	Tout autre résultat	Nombre des cas postérieurs à 2015 restant dans l'inventaire des cas soumis à la PA au 31 décembre 2018	Durée moyenne nécessaire (en mois) à la clôture des cas postérieurs à 2015 au cours de la période de déclaration
Colonne 1	Colonne 2	Colonne 3	Colonne 4	Colonne 5	Colonne 6	Colonne 7	Colonne 8	Colonne 9	Colonne 10	Colonne 11	Colonne 12	Colonne 13	Colonne 14	Colonne 15
Attribution/ Affectation	0	0	0	0	0	0	0	0	0	0	0	0	0	n.d.
Autres	0	0	0	0	0	0	0	0	0	0	0	0	0	n.d.
Total	0	0	0	0	0	0	0	0	0	0	0	0	0	n.d.

Statistiques 2019 sur la procédure amiable														
			Nombre des cas postérieurs à 2015 clôturés au cours de la période de déclaration, par résultat											
Catégorie de cas	Nombre des cas postérieurs à 2015 dans l'inventaire des cas soumis à la PA au 1er janvier 2019	Nombre des cas postérieurs à 2015 ouverts au cours de la période de déclaration	Recours à la PA refusé	Objection non fondée	Retrait de la demande par le contribuable	Allègement consenti de façon unilatérale	Différend résolu par recours selon le droit interne	Accord éliminant entièrement la double imposition/ résolvant entièrement la question de l'imposition non conforme à la convention fiscale	Accord éliminant partiellement la double imposition/ résolvant partiellement la question de l'imposition non conforme à la convention fiscale	Accord sur l'absence d'imposition non conforme à la convention fiscale	Absence d'accord, y compris un accord sur un désaccord	Tout autre résultat	Nombre des cas postérieurs à 2015 restant dans l'inventaire des cas soumis à la PA au 31 décembre 2019	Durée moyenne nécessaire (en mois) à la clôture des cas postérieurs à 2015 au cours de la période de déclaration
Colonne 1	Colonne 2	Colonne 3	Colonne 4	Colonne 5	Colonne 6	Colonne 7	Colonne 8	Colonne 9	Colonne 10	Colonne 11	Colonne 12	Colonne 13	Colonne 14	Colonne 15
Attribution/ Affectation	0	0	0	0	0	0	0	0	0	0	0	0	0	n.d.
Autres	0	0	0	0	0	0	0	0	0	0	0	0	0	n.d.
Total	0	0	0	0	0	0	0	0	0	0	0	0	0	n.d.

Statistiques 2020 sur la procédure amiable

Catégorie de cas	Des cas antérieurs à 2016 dans l'inventaire des cas soumis à la PA au 1er janvier 2020	Nombre des cas postérieurs à 2015 ouverts au cours de la période de déclaration	Nombre des cas postérieurs à 2015 clôturés au cours de la période de déclaration, par résultat										Nombre des cas postérieurs à 2015 restant dans l'inventaire des cas soumis à la PA au jeudi 31 décembre 2020	Durée moyenne nécessaire (en mois) à la clôture des cas postérieurs à 2015 au cours de la période de déclaration
			Recours à la PA refusé	Objection non fondée	Retrait de la demande par le contribuable	Allègement consenti de façon unilatérale	Différend résolu par recours selon le droit interne	Accord éliminant entièrement la double imposition/ résolvant entièrement la question de l'imposition non conforme à la convention fiscale	Accord éliminant partiellement la double imposition/ résolvant partiellement la question de l'imposition non conforme à la convention fiscale	Accord sur l'absence d'imposition non conforme à la convention fiscale	Absence d'accord, y compris un accord sur un désaccord	Tout autre résultat		
Colonne 1	Colonne 2	Colonne 3	Colonne 4	Colonne 5	Colonne 6	Colonne 7	Colonne 8	Colonne 9	Colonne 10	Colonne 11	Colonne 12	Colonne 13	Colonne 14	Colonne 15
Attribution/ Affectation	0	0	0	0	0	0	0	0	0	0	0	0	0	n.d.
Autres	0	0	0	0	0	0	0	0	0	0	0	0	0	n.d.
Total	0	0	0	0	0	0	0	0	0	0	0	0	0	n.d.

Glossaire

Standard minimum de l'Action 14	Le standard minimum tel qu'il est défini dans le rapport final sur l'Action 14 : Accroître l'efficacité des mécanismes de règlement des différends
Cadre de suivi statistique relatif à la procédure amiable	Règles de déclaration des statistiques sur la procédure amiable, telles qu'elles ont été définies par le Forum PA-FAF
Instrument multilatéral	Convention multilatérale pour la mise en œuvre des mesures relatives aux conventions fiscales pour prévenir l'érosion de la base d'imposition et le transfert de bénéfices.
Modèle de convention fiscale de l'OCDE	Modèle de Convention fiscale concernant le revenu et la fortune, dans sa version du 21 novembre 2017
Principes de l'OCDE applicables en matière de prix de transfert	Principes de l'OCDE applicables en matière de prix de transfert à l'intention des entreprises multinationales et des administrations fiscales.
Cas antérieurs à 2016	Nombre de cas de procédure amiable sur l'ensemble des cas d'une autorité compétente qui étaient en attente de règlement à la date du 31 décembre 2015
Cas postérieurs à 2015	Cas de procédure amiable soumis par un contribuable à une autorité compétente au 1er janvier 2016 ou après cette date
Période de déclaration des statistiques	Période de déclaration des statistiques comprise entre le 1er janvier 2016 et le 31 décembre 2020
Termes de référence	Termes de référence pour le suivi et l'examen de la mise en œuvre du standard minimum prévu par l'Action 14 du projet BEPS visant à accroître l'efficacité des mécanismes de règlement des différends

www.ingramcontent.com/pod-product-compliance
Lightning Source LLC
Chambersburg PA
CBHW051232200326
41519CB00025B/7345
* 9 7 8 9 2 6 4 7 3 2 2 0 9 *